侯士庭 / 著　　刘如菁 / 译

James M. Houston

喜乐流放者

—— 危险边缘的客旅生涯

JOYFUL EXILES

Christian Life on the Edge of Danger

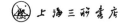

上海三联书店

中文繁体字版《喜乐流放者》

侯士庭 著，刘如菁 译

台湾台北：校园，2014年5月初版

英文原著：*Joyful Exiles* by James M. Houston

Originally published in English by InterVarsity Press,

P.O. Box 1400, Downers Grove, IL 60515–1426, U.S.A.

中文简体字版©2019 CEF

校园书房出版社同意在中国大陆地区出版

献 给

克里斯和琴
他们在祷告中与我同为喜乐流放者

目录

前　言

奉行绝对包容的西方世俗主义肆虐横行，致使西方基督教远离合乎圣经的信仰，到了前所未有的地步。这项教会所面临最大的挑战，不仅在我们的外在环境中，也在我们的灵里发生。难怪今天无论是个别的基督徒还是福音机构，都深陷迷惘之中。有些人已经清楚看见这挑战。有些人却予以否认，即便他们抱持良好的动机，仍然继续朝错误的方向前进，最终还是将情势变得更加糟糕。在这一片混乱困惑之中，实用主义的言论被视为可行，而发出先知诤言的人，则被冠上自以为是的帽子。因此，本书除了发出一些呼吁，从较为谦卑的角度来说，也是见证我个人跟随基督八十年以来所试图活出的生命样式。倘若这里讲述的个人经验道出了你内心关切之事，或是引起一些共鸣，那这本书的写作目标就达到了。

本书以对话文体写成，好使你可以随时参与探讨不同的观点。关于辩证法（dialectics）在个人信仰交流中所扮演的角色，你可使用本书附录作进一步的研究。本人所有出版作品（包括本书）的版税尽都捐赠予"宗教与文化研究院"（Institute of Religion and Culture），此机构提供奖助学金，给那些在关键处境实践本书所描述信仰原则的年轻信徒。如果你想和我联络，请浏览我们为此宗旨所设的网站：www.religionandculture.org。

每个人的生活除了私人领域，也包含公共层面。公共生活本应培育我们在基督里长大成熟，却制造出重重困惑。"我上教会，可是……""我在这个机构服侍，不过……""我在这所神学院接受装备，但是……""我相信福音事工，只是……"我们为何要限定信仰的表达呢？我们质疑整个社会的体制架构，到底是为了什么？本书是为"流放者"（exiles）而写的，他们需要合乎道德的勇气，好能离开熟悉的传统环境，进入危险之地，最后发出先知诤言，来批判我们的文化规范和体制化态度。

我们若忠于圣经信仰，必会时常活在自身文化的"危险边缘"。这并非提倡个人主义与独立精神，而是邀请我们更深体会做基督忠心的见证人意味着什么。在这个过程当中，我们需要有道德的勇气和无私的心胸，才能面对文化的挑战，抵挡迫使我们去依赖技巧而非依靠上帝的圣灵和慈爱的有害压力。另外，我们也需要培养属灵友谊，让群体以属灵的方式成长，而非被人为地组织；而我们也需要更愿意随时与别人分享上帝救恩的喜乐。

大约二十年前，我问马格里奇（Malcolm Muggeridge）一个问题，当时他的人生路程已将行尽。我问他身为一个作家，这一生是否有任何遗憾。他回答说，但愿自己曾为了"与舆论唱反调"而摇旗呐喊——事实上，作为《笨趣》(Punch)杂志的总编辑，他已是当代优秀的讽刺作家。

"我的意思是，"他接着说，"与陈腐的宗教舆论唱反调。"他到了晚年才信主，来不及实现宏愿。"但你应该去做"，他补充说。听到这份难以想象的任务，我不禁大笑。

或许当年马格里奇所撒下的芥菜种，如今长成了一小株植物。本书是一个闯荡一生、不计后果之人的告白，旨在鼓励和支持其他的喜乐流放者。他们或许能体会当我听到马格里奇那番话时的反应与感受——仿佛被激励去参与一项不可能的任务。我盼望这些喜乐的流放者，即便隐藏在不同环境的微小群体中，仍能不断成长，发展出一个全球性的友谊网络。

回顾写作这本书的过程，我真要向这些喜乐的流放者致谢，尽管人数众多不能——刊载，我还是要特别向支持我的朋友们表达感谢：美国校园出版社（InterVarsity Press）的出版人鲍伯·弗莱英（Bob Fryling）、功力高超的编辑盖瑞·迪多（Gary Deddo）和他所率领的团队，帮忙校稿的帕特·卡尔沃（Pat Calvo）、达瑞·约翰逊（Darrell Johnson）、迪恩·欧弗曼（Dean Overman）、比尔·雷默（Bill Reimer）、斯基普·莱恩（Skip Ryan）、保罗·海姆（Paul Helm），以及莎莉·沃西斯（Sally Voorhies）。

13

我也要向不断鼓励我的家人和好友表达感谢。感谢"宗教与文化研究院"的诸位理事：凯莉·芭培（Kelly Barbey）、克雷格·盖伊（Craig Gay）、克里斯·侯士庭（Chris Houston）、凯斯·马丁（Keith Martin），以及凯恩·史蒂文森（Ken Stevenson）。此机构是为了促进各界探讨本书提出之原则而成立。本书若有任何事实错误或谬解，责任全属作者本人。

序幕
为何使用辩证法？

我们对事物的危险边缘满怀兴趣。

——罗伯特·布朗宁,《布劳葛兰主教的致歉》

摩西对他说:"……但愿耶和华的人民都是先知,但愿耶和华把他的灵降在他们身上。"

——《民数记》11: 29,新译本

❋*❋

不久前,儿子问我能否将我在信仰生活中竭力活出的基本信念写下来,这本书就是对他的要求所作的响应。我将多年来自己内心的对话加以整理,写成了六章,并以辩证的方式分成三部分:"回应基督教信仰"（这份信仰是隐藏的,却也是公开的)、"挑战我们的文化"(它在公共层面趋近超现实,因此必须让它在个人层面成为真实),以及"持守基督信仰"(既在群体的层面表现,又在个人的层面传递)。另外,各章当中又包含了内部的辩证,像是诸如此类的例子:信心是隐藏的,但绝不是隐蔽的;是个人的,但绝不是个人主义的。

为何使用对话文体写作?

我们所处的后现代社会对独白(monologue)十分反感,因一谈到独白,就会负面地联想到意识形态。过去一百年来出现的社会主义、马克思主义、法西斯主义等一连串的"主义",已将所有探讨人类处境的观点和看法,完全铲平为一种绝对的社会准则;如今,我们看到的这些主义是基要主义、自由主义,甚至是世俗主义。个人的兴起,加上潮流从精英文化转变成大众文化(其实应称作流行文化),鼓励人人皆可发声,大家都能提出主张、彼此回应。今日的家庭,已不再奉行那句古谚:"小孩要守规矩,安安静静的。"

即便是书籍的作者,也不再是唯一的信息表达者。身为读者的你从一本书读到的,不一定是作者想要表达的,因为你的阅读过程,会经由自身经验与人际关系作出筛检和过滤。阅读这件事向来都是如此,然而,今日读者的个人主义更胜以往。我们都会对真相竖起盾牌,只选择自己想要

16

听、想要读、想知道的部分，而将不想接收的都挡在外面。

因此，让我们表达自己看法与价值观的方式，便是透过对话——与他人的对话，以及与自己内心的对话。作为社会的一分子，若没有在共同生活中彼此对话，我们无法成为一个人。婚姻生活正是如此，内人芮塔(Rita)向来排斥只凭表面来看待事物——尤其是我没有证据的想法！对话其实就是参与在讨论中，目的是要促进及深化你我共同生活中的个人面向，即使彼此抱持不同的观点。

辩证的形式让我们看见真理的多重面向。我们必须像约伯，时常拒绝接受世俗之人的愚蠢迂腐，他们自以为知道上帝做事的方法。周遭文化早已发生剧烈变化，教师与牧师已经无法站在权威的立场作单向沟通了，而一般教会的讲台却还是充斥着那样概而论之的陈词滥调。因此，我认为有必要运用辩证法，让我个人的经验和别人的经验互相交流，也验证它们的确实性（若欲进一步了解，请参考附录关于辩证法的延伸阅读）。

基督徒生命的逆向辩证

真实的基督信仰应当是愈来愈抗衡文化的。我们可能必须放弃事业、某些朋友，甚至是我们的自由，才能忠于上帝的圣灵放在我们里面的那些信念。基督信仰中的逆向辩证(inverse dialectic)不断提醒我们，我们在世上是

17

客旅,是寄居的,我们所追求的是那将要来临的天地。正因为与这世界对立,我们才算与天国同调共鸣。我们拥有另一个更美的家,一个更荣耀的归宿,也因此,我们是喜乐的流放者。

　　我们多半并不缺乏信仰的知识,而是欠缺属灵的决心,打从心底定意不计个人后果,将已知的真理实践出来。真理乃生死攸关之事——我们愿意为之生,为之死。真理若不活出来,还能如何表达?难道真理像个虚无的概念,四处漂浮?诚如克尔凯郭尔(Søren Kierkegaard)所见,摊在众人眼前的基督信仰,有一大部分仅是"诗"("真实"被转为"想象");但是,真正的基督教,却是将"可能之事"转为"真实"。这就是先知的角色——挑战、呼召我们顺从上帝的话。这就是基督徒人生是虚拟式(subjunctive)人生的原因。我们若要进入基督徒人生的陈述式(indicative)或是先知式(prophetic)的真实中,就必须让自己的感觉和渴望得着真正的改变,更确切地说,得着救赎。摩西的话常回荡在我耳际:"但愿耶和华的人民都是先知。"(民 11: 29,新译本)

　　因此,逆向辩证并非只是叫我们互相辩论,而是上帝与我们辩论,如同约伯到最后不得不承认的。此外,逆向辩证不单是要明白信仰,也要在各种日常人际关系的变化中,将信仰活出来。思索与生活、了解与行动、诗歌与预言、现世与永恒——这些不平静的张力,都在显示出"成为基督徒"是一个持续进行的过程。单单表明个人信念与原则是不够

18

的；倘若我们只是对信仰进行思考，对原则作出认知上的主张，便还是被关在诺斯替或笛卡尔的思想铁牢里。

诚如爱德华兹(Jonathan Edwards)所理解的，真正对上帝的情感是恩典的情感，因为这是圣灵放在我们心中的。在爱德华兹所参与的宗教大复兴期间，太多情绪化的流露尽管不过是心理上的宣泄，却也被归结为上帝的工作。同样，我们只能说，我们所持守的信念和原则，都是上帝借由他的真道和圣灵赐给我们的恩典，我们不能自己创造，我们天生也不愿意领受。事实上，基督教与柏拉图主义(Platonism)迥异之处，就在于我们无法假设真理就在心里，能随时借由言语揭露；而唯有上帝的圣灵将真理放在我们心中，我们才能将之表达出来。

同样，不是我们自称基督徒，上帝就会将这些信念与原则加给我们，而是随着他按每个人的名字呼召我们，它们才会逐渐发展出来。这过程的代价是经历到孤独，因为在上帝面前，我们首先是独自一人。与上帝的关系起初并不会使我们与他人联合，反倒会将我们分开。故此，我们愈"在基督里"，才愈能找到真正的自我。在基督里，我们个人的独特性被卷进上帝的爱的真实当中；基督徒唯有找到真实的自我，才得与众信徒一同呈现相交之美。我们愈有把握自己在基督里，就愈能果决地按真理行事。我们的独特性和圣洁生命的长成，是相伴相随的。另一方面，我们愈不理解自己在基督里的独特身份，就愈会裹足不前、妥协让步、见识浅薄,也愈会接受大众流行的共识,以跟随大众为满足,去追随别人的做法,照着传统道德的规范行事。

成为喜乐的流放者是上帝的恩赐

基督徒发现自己逐渐被世俗人文主义边缘化了,但是出埃及的主题向来是上帝百姓的真实景况。"我们在这里本没有常存的城,乃是寻求那将来的城。"(来 13：14)然而,尽管独特必会带来孤单,孤单却使我们腾出生命的空间给上帝。基督徒必对喜乐有着独特的经验,因为诚如诗人所说,在上帝面前有满足的喜乐(诗 16：11)。这份从个人救恩而来的喜乐,是大众没有办法给予我们的财产与礼物。有时候,这份喜乐正如盲人牧师马德胜(George Matheson)在圣诗《伟大的爱》(*O Love That Will Not Let Me Go*)中所写的,是"借由痛苦临到我的喜乐"(joy that seekest me through pain);不是逆来顺受,而是灵魂的顺服和扩张;上帝的爱使我们的心灵平静安稳,甚至苦难都无法动摇。只有当我们把与基督一同受苦视为一种生活方式,才有可能经历这份喜乐。

真正的喜乐绝对不是以自我为中心的,因为喜乐是一种与人分享的社会真实。如同耶稣在失钱、迷羊和浪子的比喻中所描述的,失而复得使人欢欣雀跃。喜乐所散发出的健康气息,能使他人雀跃。喜乐与快乐(happiness)之间的不同,在于喜乐是透过经历上帝的爱而体会到的超然,而快乐比较像是对于有利的环境产生的内在反应。前者会带来生命的改变,后者则变幻无常。

但是,如同**爱**与**平安**一样,**喜乐**终极上也是一种难以言说的临在,无法以抽象的概念予以化约。伟大的神学家巴特(Karl Barth)指出:

> 人生的起点奠基于一项事实:生命是在时间中的运动——在某些具体的想法、心愿、关系、义务与期待的引导之下,为了渺小或宏大、新近或长远的目标而不断努力的运动。喜乐是使这种运动在某一或某些时刻主观上而非客观上停下来的一种形式,意识到人在这种运动的完成中体会自己。[1]

换言之,喜乐的经验就像浪子回家,那是一种为了上帝的荣耀,实现我们被造与重新被造的目的。浪子在猪圈中,内心充满痛苦;在回家路上,因凝望父上帝的爱而喜乐。只要我们照着上帝的心意实现人生,就会感到喜乐;不论到了人生旅程的哪个阶段,我们都会停下脚步来享受这份喜乐,以便能重新得力,继续往前。喜乐的经验能判别我们是否朝着正确的方向,向着人生的最高目标前进。喜乐是对上帝的爱怀着期盼。倘若我们对上帝毫无盼望,就会封闭自己,拒绝喜乐涌入。

倘若我们不愿悔改，就会变得像守财奴（Scrooge）*一样，将喜乐赶出家门，自己守着生命的寒冬。我们唯有悔改——意识到爱的存在——才会掉转旅程的方向，进入生命的夏日。我们可以用款待的态度和亲切的举动，来创造喜乐的机会。正如电影《芭比的盛宴》（Babette's Feast）所描写的那样，款待的善举是如此美好。我所认识的一位朋友，喜欢送瓷器给基督徒夫妇，她致力于在大城市中提倡款待的举动，犹如在黑暗之处点亮蜡烛。安息日也是庆祝从主所领受喜乐的一大机会。以色列人的宗教生活包含许多节庆，而基督教群体也持续充满着过节的喜乐。喜乐的确是从上帝而来的真实社会经验；我们必须将它分享出去，实践关于它的格言："和我一同欢喜快乐吧。"

真实的喜乐也会将公义表明出来。一旦丧失个人诚信，必会失去喜乐。牺牲良知而要获得喜乐，这根本办不到。终极而言，我们所庆贺的是对上帝的敬畏，以及他借话语向我们和邻舍表明的福祉安康。唯有上帝所喜悦的事，才会让我们体会真实的喜乐。此外，真实的喜乐也是效法基督，因为圣父早已宣告："你是我的爱子，我喜悦你。"（路3：22）圣父晓得圣子将透过承受苦难，使他得着完全的荣耀，而耶稣为门徒祷告时，亦是这么说的："叫他们心里充满我的喜乐。"（约17：13）相较于我们絮絮叨叨的抱怨和不肯

21

---

* 世界名著《圣诞欢歌》中主角的名字。——编者注

舍己,耶稣的祷告内容真是令人惊叹。我们确实需要德国敬虔主义者格哈特(Paul Gerhardt)的圣诗来启发、责备我们:"我的心哪,你要向前!寻求喜乐!"而这份喜乐的根基,就是背起我们的十字架,在耶稣的爱里跟随他。

故此,我们所期盼的喜乐是属于终末的永恒喜乐。我们在世上稍稍瞥见永恒的喜乐,从此便无法仅以现世为满足,因天堂才是我们的归宿。喜乐是一种新的存在方式,新的自我奉献方式,使我们举目望向永恒,领受超越世俗事物的眼光,并且因着上帝的缘故而乐意接受苦难的操练。只要我们借着圣灵住在圣父和圣子的里面,就会使耶稣的祷告得着满足:"是要叫我的喜乐存在你们心里,并叫你们的喜乐可以满足。"(约15:11)你我虽然未曾见过耶稣基督,但是正如使徒彼得所言,因为我们信靠他,"就有说不出来、满有荣光的大喜乐。"(彼前1:8)

活在事物的危险边缘

但是,我们仍然活在这世上,在事物的危险边缘中生活着。我从埃鲁尔(Jacques Ellul)1948年出版的著作《上帝国度的同在》(The Presence of the Kingdom)[2] 学到了一件事:上帝的临在所带来的活力,能进入文化的各个层面。从前的我只想逃离一些世俗的禁忌,但那本书让我浅薄的心态有了转变——渴望以救赎的态度去面对世界的问题。

我们的主曾祷告说,不求天父叫我们离开世界,只求他保守我们脱离那恶者。如果基督徒不参与这个世界,世界的未来就必黯淡渺茫。身为清醒的守望者,我们所切望的并非"解决方案",而是可以改变世界的被更新的生命。如此,我们才能将上帝临在的新信息呈现出来。倘若我们对基督徒世界观只是在理论的层面上泛泛而论,就会对这个罪恶世界所充满的混乱、矛盾和不确定性轻描淡写。相反,我们生活在一个包罗万象、不可预测、充满显而易见矛盾的世界里。

当诗人布朗宁提到"事物的危险边缘",他所指的是一种对于悖论的恐惧,让人无法全面理解一个人或一种情境,好比:"诚实的窃贼、温柔的杀手、迷信的无神论者"这样的用语——除此之外,或许我们还能加上"受欢迎的基督徒"。功利主义哲学家西季威克(Henry Sidgwick)和布朗宁生在同样的时代,有句俏皮话是这么形容他的:"他总是无法分辨哪种冲突纯粹只是冲突,而哪种冲突则是表达最深真理的媒介。"[3] 西季威克的恐惧表明了理论家(ideologue)的立场,担心一旦传统思想出现任何崩解,就会像水坝出现裂痕一般;而带有危险的新观念,也会像洪水一样把世界淹没。也许正因担心引爆这类的革命,各种"主义"才应运而生;正如活在维多利亚时代的人,对法国大革命仍然记忆犹新。

我们如今面对的情况与当年的法国大革命十分类似。后现代主义带来怀疑主义的狂潮,让我们心里充满恐惧,而此种观点对上帝抱持的反叛态度,确实远远超乎十八世纪末的情境。因此,今日的基督徒游走于狭窄的边缘;一边是过分严苛和教条主义的信仰,一边是本质上接近虚无主义的怀疑论。尽管如此,这些当代文化的挑战仍有正面的价值,因为它促使我们用全新的方式,将福音的活力呈现出来。

对虔诚的信徒来说,要严格遵行真理并同时保持弹性,向来都不容易。不过,一般挂名的基督徒,像布朗宁和丁尼生(Alfred Tennyson),却将圣徒和英雄混为一谈,为基督教添上英雄式的想象,并且对其发展抱持天真的乐观态度。[4] 在今天,任何与主流文化唱反调的批评,都不会受欢迎,从这个角度来看,只要我们胆敢批评现今流行的大众宗教,必然会持续活在"事物的危险边缘";因为当代北美流行宗教所持的"积极"态度,或许远比维多利亚时代的英国还要来得不切实际。

那么,活在事物危险边缘的我们,还有什么好倚靠的呢? 但丁(Dante)靠的是贝雅特丽齐(Beatrice),布朗宁靠的是伊丽莎白(Elizabeth Barret),而马修·阿诺德(Matthew Arnold)靠的是玛格丽特(Marguerite),他在诗作《多佛海滩》(Dover Beach)中描述了"信心之海"(the sea of faith)退潮的情景,为着没有留下一点确信、一点平安,也没有留下一点痛苦的慰藉而喟叹感伤。诗人只好如此回应:"喔,爱情,让我们彼此忠诚!"这意味着如果你陷入了怀疑,那么坠入情网便是你的解药。甚至更好的是,女人的爱将引你进入上帝的爱。就我个人而言,能与心爱的芮塔共度超过半世纪的婚姻,我真是何等有福。或许人的爱与上帝的爱之间的分际能化作桥梁,帮助我们跨越心理的怀疑,踏出信心的步伐。

在今日的社会里,由于两性关系与性别的议题混淆不清,离婚率居高不下,许多基督徒被迫活在各种不同事物的危险边缘。一旦男女在公共生活中被同质地视为平等,意识不到圣经中所谓的互补,这种平权要求就会转变成极权主义,并且逐渐发展成为单一的信念:"人人为自己而活"。当我们被迫活在倚靠自己的狭小边缘之处,全然仰赖孤立的自我,设法在功能性身份底下活出自信,我们很快就会掉入绝望的深渊之中。我们会发现"自我"真是捉摸不定,就像易卜生(Henrik Ibsen)在剧作《皮尔金》(Peer Gynt)中提出的问题——"我是谁?哪个才是真正的自我?"——仍是今日一再听到的问题。假如我们做"自己"的隐密公式被揭露出来,又如气球一般被刺破,我们会否落入自己的万丈深渊,永劫不复?我们会不会因此活得厌倦(喜乐的对立面),进而接受一种未经省思、肤浅、毫无意义的生存状态?或是我们会从睡梦中醒来,设法重构另一种答案?

第二次世界大战导致的严重分裂状态,以及冷战带来的末世恐惧,使得许多人的生活如同蒙太奇(montage)一般间断跳接。他们不断变换频道,对时间毫无连续感,只对支离

24

破碎、无关紧要的经历有所认知，并且认为"历史"已是个古老的概念。当今文学界掀起了一波为作家立传的复兴浪潮（有些传记诚属佳作），这迹象或许正反映出一件事：世人需要延续文化的生命，以及建构一个有凝聚力的环境，虽然这种需要已不再是显而易见的。各种标准与传统已然崩解，自然使经济掌管我们的一切，而失去了对道德品格的认真追求。

这段不算悠久的过往似乎成了一条鸿沟，阻断了我们与早先历史的关联。诚如小说家威廉·戈尔丁（William Golding）所言："广岛、贝尔森和达豪集中营超出了我们所能想象……那些经验好似太空中的黑洞，没有一样东西能从那里面出来，告诉我们里面的模样。……我们站在历史的鸿沟、文学的有限之前。"[5] 看来，新的创作类型和文学实验必将形成：文学故事、个人故事、历史叙事、诗学想象、意义、神话和新闻报导——这些东西之所以存在，是为了说服我们相信，现实还没有变成太空中的黑洞。

毫无疑问，如此这般停驻在未知和不确定性阴影下的生活，正是危险地活在事物的边缘。这样的生活似乎更适合英雄而非圣徒。因为我们把英雄与危难关联起来；而把圣徒与喜乐平安关联起来。但是，知道自己是罪人的基督徒，绝对不会把自己当作英雄！天主教小说家格雷厄姆·格林（Graham Greene）曾经尝试创作出一些拥有缺点的理想人物。他这么做或许是为了描写我们自幼所形成的心怀二主的态度。[6] 而当今文化对于"基督徒领导力"的追求，也很可能代表了另一种虚伪的追求——努力将基督教信仰变成一种英雄事业。

不过，以告白的文体来写作，同样也是活在危险事物的边缘。我在写作过程中，必须衡量哪些事情应该藏在心底、交托给上帝，而哪些事情可以公之于世、激励别人。我们不妨将人生看作乐谱，用心体会艾尔加（Edward Elga）在作品《老者之梦》（The Dream of Gerontius）中写下的脚注："这是我所见所闻；这就是我！"同样，当我们谱出信仰之歌，亦可如此告白："这是我的人生经历；其实，这是我现在想成为的那种人。"

文学的修辞说服

正如你将在以下各章所读到的，我认为伟大的文学作品可以开阔我们对人类处境的视野。根据沃纳·耶格尔（Werner Jaeger）的观点，唯独艺术的表达"具备教化影响力的两大要素——普世的意义，以及当下的感染力"。[7] 希腊人相信艺术作品拥有"领导心灵"（psychagogia）的力量，能将光明中的崇高、象征，以及高级的存在秩序表达出来。尽管文学艺术丝毫不能减损圣经基本和独特的重要性，但是极端高举圣经权威的姿态，却可能助长狭隘及道德自满；而人类生活在文化上的复杂性，必定对这类心态提出挑战。诗词、文学、戏剧与艺术都能帮助我们探索人类文化的错综复杂;正如耶稣也曾使用比喻,对当时的道德自满与传统价值观提出挑战。

无论是直接的断言,还是武断的声明,都很可能沦为宗教上的喋喋不休,不能带给我们所需要的震撼和挑战。1904年,卡夫卡(Franz Kafka)在寄给友人奥斯卡·普鲁克(Oskar Plook)的信中写道:"我想我们应该只读那些会咬我们、会刺我们的书。倘若所读的书不能如当头棒喝般将我们摇醒,那么读它们的意义何在?"假如只是为了寻开心,倒不如换其他娱乐方式还容易些。不,卡夫卡如此认为:"一本书要像一把重斧,击破我们内在结冰的洋海。"[8]

一旦我们对文学作品中的角色产生认同,便能更全面地揭示自己的抉择与行动会带出哪些道德结果。透过叙事、传记性的写作,这些人物的生命在我们眼前展开,并且往往与我们的个人光景产生共鸣。我们或许能通过这些故事中的角色,发现自己里面有哪些恶鬼需要被驱逐;同时,我们也从自己陷入故事情节的举动发现,原来直接面对自我是多么困难,而间接的方式(像比喻)反倒能削弱我们的防备,进而提出挑战。

故事帮助我们反思别人所犯的过错,以免自己重蹈覆辙。诚如土耳其小说家奥尔罕·帕慕克(Orhan Pamuk)在《白色城堡》(*The White Castle*)中所言:"人生仿佛仅此一次的巴士旅行,一旦旅程结束,就不能重头来过。但是,如果你手中有一本书,不论那本书有多么复杂难懂,当你读完它,只要你愿意,都可以重头开始再读一遍;你将从中了解难懂的部分,同时也更了解何为人生。"[9]

如果上帝会使用一头驴子对巴兰说话,或许他也会使用一本小说教导我们接受改变生命的大事。戈尔丁的一本小说改变了我整个基督徒侍奉的人生。读陀思妥耶夫斯基(Fyodor Dostoyevsky)的《卡拉马佐夫兄弟》(The Brothers Karamazov)的经验,仿佛与先知面对面,令我终身难忘。我在柏林墙倒塌的二十年前读了这本书,从而相信马克思主义的意识形态不可能长存;然而,早在俄国风行社会主义一个世代以先,陀氏就已完成了这部作品。

在这本小说中,哥哥伊凡(象征苏联未来的社会主义建构者)认为,基督教充其量只是一门严苛的理论;而佐西玛,这位品格高尚的长老,却将一个完全不同的基督徒生命,具体真实地呈现出来。

27　　诚如陀思妥耶夫斯基写给出版社的信:

我将迫使(俄国社会主义者)承认,成为纯正而理想的基督徒,并不是一份不切实际的向往,而是一份具体、实在、可容亲眼目睹的盼望;并且唯有在基督教里面,俄国这片土地才能脱离所遭受的各样苦难。[10]

今天我们仍然需要听见这样的信息。

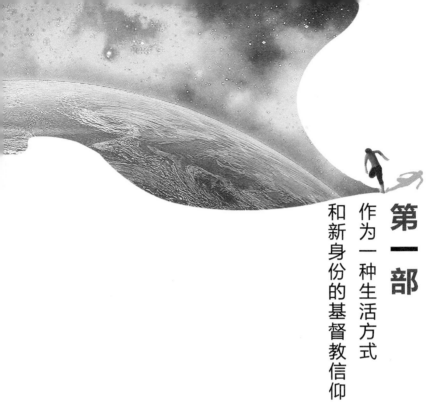

第一部

作为一种生活方式
和新身份的基督教信仰

第1章
隐藏之生命的气息

你们要思念上面的事，不要思念地上的事。因为你们已经死了，你们的生命与基督一同藏在上帝里面。

——《歌罗西书》3：2—3

当我愈往内心深处，你还在更深之处。

——奥古斯丁，《忏悔录》

最能从各方面定义"地下"的，是对比的并列；意即，联合却无和好。

——勒内·吉拉尔，《从地下复活》

※＊※

动物为了躲避掠食者,都有伪装能力。许多人把上帝当宇宙性的掠夺者看,试图躲避上帝的面。截然不同的是,我们的人性要求我们刻意运用隐藏,以避免陷入与上帝争竞的试探。渴望"像上帝一样"(*eritis sicut Dei*)是我们存在的堕落核心,表示我们拒绝成为真正的人,而这就是罪——我们的想象力和行动遭受严重扭曲,总是不愿意接受受造性。身为受造者,我们应当谦卑地活在上帝之下;但是,罪从不容我们以"与基督一同藏在上帝里面"(西3:3)为满足。我们受罪的试探,与他人相争、欲求与上帝同等、企图与他作宗教"交易",并且贪图炫目的荣耀。

若要定义何为人,我们与其为着上帝降卑为人(腓2:6—7)而惊奇,不如思想他对人最初的心意——他亲自成为人的样式,卑微倒空,完全顺服倚靠天父;他降生在微贱的马槽里,在贫寒的木匠家中度过三十年隐藏的日子;他甚至还容让世人任意曲解他三年的公众生活。这位弥赛亚没有达到民族主义者的期待,也不符合传统英雄的形象;但是,我们将会发现,这样隐藏的生命正是福音的气息。

若不认识这隐藏的弥赛亚,那么我们想要隐藏的本能,说穿了只是为求自保。我们想要避免自己的身体受到侵害,如同摩西的母亲为了保护他的性命而将他藏在河中(出2:1—10),因为当时法老下令杀死希伯来人的男孩;而喇合藏匿探子、大卫躲避扫罗的怒气,也是同样的原因。隐藏的本能来自于穷困匮乏的软弱,诚如约伯所言:"世上的贫

民尽都隐藏。"(伯 24：4)

此外，出于羞耻心，我们也在道德上有所躲藏，如同始祖们"藏在园里的树木中，躲避耶和华上帝的面"(创 3：8)。由罪而生的羞耻感，使得人与上帝之间筑起藩篱。正如以赛亚所言："你们的罪孽使你们与上帝隔绝；你们的罪恶使他掩面不听你们。"(赛 59：2)圣经屡次记载，由于以色列的不信与悖逆，上帝"掩面"。那么，我们的神经过敏，是否也会迫使上帝隐藏自己？ 当我们这么问："为什么上帝不听，也不回应我的祷告？"或许是因为那些祷告曲解了上帝的本性。

有个概念不仅世人皆知，甚至是原始宗教都有所领会，那就是人无法透过一般的概念来认识上帝。神性的周围裹着一层奥秘的面纱，这股神秘的色彩，甚至比人类短暂的生命和死亡的真实还要难以测透。希腊人为此投注了整个文化，尝试揭露及解释大自然的神秘莫测。最初，他们创造了英雄神话，打破人与上帝之间的界线。在奥林匹斯神话中，英雄超越了凡夫俗子；他们为神祇所生，并且拥有追求完美(arēte)的能力，而这迄今仍属于诸神的境界。或许今日的科技社会也是另一种"英雄"文化。人类成就备受推崇，炫耀及骄傲的行为获得喝采。然而，唯有死亡的意识使我们醒悟过来，晓得最终自己将永永远远隐藏于尘土之中。唯有大理石纪念碑会继续抗拒我们这些必朽之躯的终结。

圣经里的隐藏

但是，旧约圣经显然表明了一个反英雄的立场。它清楚地向我们陈明一件事：造物主和受造物之间乃天壤之别。上帝是如此圣洁，他确实是个"全然他者"（wholly other）。因此，关乎上帝的一切，都是向我们隐藏的。我们愈想接近上帝，我们和他的距离就显得愈遥远。东方教父熟谙此理：我们承认自己对上帝有所不知，这其中所包含的奥秘，远超过我们自以为认识他的部分。上帝的本性是自我启示的，唯有他能够启示他自己，因为在他面前无一事物能够隐藏。尽管罪人想要逃避这位无所不知的上帝，一旦审判临到，没有任何磐石可供我们躲避他的愤怒（赛2：10；耶4：29）。然而，义人无须躲避他的面（伯13：20）；智慧人更是将上帝的道看作珍宝，藏在心里（箴2：1）。

新约谈到这类主题时，也同样表明关乎上帝的事情本是隐藏的，尤其是关于上帝的国之事。上帝的国像是埋在地里的宝贝（太13：44），又如藏在面团中的酵（路13：21）。耶稣也再三嘱咐门徒保守弥赛亚的秘密，因为眼瞎耳聋的人无法领受这个信息。在无人领受之处，启示必然仍是封闭的。甚至门徒也不了解基督受难的意义（路18：34）。值得注意的是，耶稣在告诉人们他"将要怎样死"后，就"离开他们，隐藏了"（约12：33、36）。同样，施舍、祷告和禁食，都应该在暗地里进行；鉴察人心深处的天父，会在适当的时刻赐下奖赏（太6：4、6、18）。诚如诗人奥登（W. H. Auden）所言："对基督徒而言，像上帝的人并非成就超凡的英雄，而是有好行为的圣洁之人。但是福音将好行为界定为尽可能暗中做的，甚至向自己隐藏的；另外，基督徒也不得在公开场合祷告和禁食。"[1]

耶稣严厉谴责夸大的宗教作秀行为。《约翰福音》告诉我们，耶稣在世上的年日里，很少公开显扬自己，因为弥赛亚的信息必须隐藏（约7：4—6）。且容我再次引述奥登的话："在舞台上呈现基督是不可能的。假如他被人用戏剧化的方式呈现，引人瞩目，他就不再是基督，而是变成大力士赫拉克勒斯（Hercules）了。"[2] 虽然如此，我们还是必须将基督教的信息传给人，因为这份信仰并不是一件秘密不可告人的事。基督徒便是活在这样的张力之下：知道何时当开口，何时当沉默不语。尽管基督徒的生命不需要隐藏什么，但是其效力必定是向世界隐藏的；道成肉身无法被世人看见，唯有透过信心的眼睛才能得见。

关于隐藏生命的另一节重要经文，是《歌罗西书》3：3："你们的生命与基督一同藏在上帝里面"。保罗在这段经文的上下文中告诉我们成为基督徒的后果：我们的生命必须与基督相似，仰仗他所经历的。他死了，然后复活。因此，也唯有在基督里，那赏赐给我们的新生命才能得着转化、重塑，成为基督的样式；唯有活在他的死与新生之中，我们才

35

能接受此生命。唯有在这般隐藏的内在中，我们才能重获新生。这其中也暗示了一种属灵的"死"。

早先，德国敬虔主义的先驱亚仁特（Johannes Arndt）采用德文的"向……死"（to die to）来描述这个概念；之后，克尔凯郭尔也从丹麦文采用同义词 *at afgo*——这个很少人使用的动词意指"逐渐死去"（to die away）。当世界引诱我们显扬自我，我们却将自己隐藏起来，就是操练"死去"的有效方式。撒但试探耶稣时，要他做出一个英雄式的炫目举动，那就是从圣殿的顶上跳下去，但是耶稣选择隐藏在天父的旨意中。保罗向信徒发出挑战时，也同样说道："你们若是与基督同死，脱离了世上的小学，为什么仍像在世俗中活着……呢？"（西 2：20）

歌罗西教会的信徒受了假教师的诱惑，与他们一同否认基督完全的神性，主张人都是半神（demigods），并且骄傲、炫耀地以自我取代了上帝。他们说要创造自己的宗教、揣测关乎天使的事，这好似今日新纪元的灵性观——以自己取代了上帝。但是，使徒保罗敦促众信徒，要记得他们已与基督同死，所以必须追求一种舍己的生活方式。这才是"隐藏"的真谛——舍弃世界的方式，选择那些追求自我实现的人无法理解的道路。实际上，这就是拒绝接受撒但那个"恢宏"的提议："你们会像上帝一样"。高升上天而像上帝，是人心最深的渴望；但是我们最需要置之于死地的，正是这个渴望。我们无法在此生达成这件事，因此这件事一直是个现在式——只要还活在地上,我们都"正在死去",都需要继续隐藏。

如果我们将《歌罗西书》那节经文改写一下,就能更加强调基督徒生命的隐藏层面:"你已经死了,现在你的生命与弥赛亚一同藏在上帝里面"。拿撒勒人耶稣是隐藏的弥赛亚,他默默无闻地住在拿撒勒;当时的人问说:"拿撒勒还能出什么好的吗?"想想看,耶稣是一位巡回各地、居无定所的教师,他从未公开接受成为拉比的训练,也不属于文士或法利赛人之类的领袖团体。这位万王之王骑着驴进入耶路撒冷。他被高举,却不是登上王座,而是与两名强盗一起被钉在十字架上。由此而见,福音书对耶稣的描述确实是反英雄式的;所以,基督徒势必应当有份于弥赛亚隐藏的生命。既然他未曾受到世人的肯定,那么我们隐藏的生命不被众人赏识,有什么好奇怪的呢?既然耶稣自己都会冒犯人和使人跌倒,那么跟随弥赛亚的人还想期待什么?以世界的角度而言,基督徒的生命真是不光彩。

在《路加福音》14:26,耶稣挑战门徒:"人到我这里来,若不爱我胜过爱("爱我胜过爱"原文作"恨")自己的父母、妻子、儿女、弟兄、姐妹和自己的性命,就不能作我的门徒。"在前一节经文中,耶稣还在向广大群众说话,但是现在这段话却是针对个人说的;也就是说,沟通唯有被个体化(individuated),"隐藏"在自己的心里,才有可能位格化(personalized)。

最近,有位在温馨的基督教家庭成长的学生告诉我:"我一直祈祷,希望有一天有人能将这节经文解释清楚。我等这一天已经等了很久了。"许多人和这位年轻的姊妹一样,认为"爱"比较像是一种感觉,而不是一种生活方式;并且觉得"恨"带有极大的负面意涵,与正面无关。另外,这位姊妹也不了解,"爱"可能意指爱财产(路14:33),不一定指关系。在耶稣的时代,效忠家庭是当时社会的传统道德规范,每一个人都被如此期待。

按照圣经的观点,**恨**和**爱**颇为类似,与其说是一种感受,倒不如说是一种活动的模式。耶稣并不是要我们培养对亲人情感上的嫌恶,他乃是劝勉我们,要拒绝承袭任何不假思索、大众化、传统、习以为常,却毫无信念或委身的道德规范。作耶稣的门徒是在与主亲密的位格关系中的决定,为了全心跟从他而放弃所有的一切;成为基督的门徒,也必然要恨恶一切会拦阻我们绝对效忠耶稣的障碍。这位弥赛亚的革命所求于我们的,就是完全效忠他,甚至恨恶自己的性命亦在所不辞。诚如《约翰福音》12:25的教导:"爱惜自己生命的,就失丧生命;在这世上恨恶自己生命的,就要保守生命到永生。"要活出隐藏的生命,牵涉到自我的弃绝,打从内心深处弃绝一切阻碍基督在我们里面成形的事物。

隐藏在基督里、"逐渐死去"(die away),甚至恨恶名义上的道德规范,都会导致相同的事实——这样"与基督一同藏在上帝里面"的生命,必定会经验受苦、牺牲、舍己和屈辱。无疑,在《歌罗西书》2:6—3:4中,使徒强烈反对一切外在的人为努力,无论是世俗或是宗教的作为。但他也接着向我们保证,尽管我们的生命是隐藏的,却是安稳地被保存在上帝里面。上帝是肉眼所不能见的(西1:15),因此他是安全的避难所。保罗还在其他经文中提到,他活着就是基督(腓1:21),又说"现在活着的不再是我,乃是基督在我里面活着"(加2:20)。

这种双重身份自然也会带给我们许多张力。在《罗马书》7章,保罗将一个人的内在和外在作了区分;他承认,"因为按着我里面的意思(原文作"人"),我是喜欢上帝的律;但我觉得肢体中另有个律和我心中的律交战,把我掳去,叫我附从那肢体中犯罪的律。"(罗7:22—23)不过,这种二元性并非柏拉图所谓的灵魂与肉身二分,而是在于意志和行动。更严格来看,它是个暂时性的差异。在《以弗所书》3:16—17,我们读到保罗的祷告:"求他按着他丰盛的荣耀,借着他的灵,叫你们心里的力量刚强起来,使基督因你们的信,住在你们心里。"而在《哥林多后书》4:16,保罗又如此解释:"外体虽然毁坏,内心却一天新似一天"。

这就是基督徒终末的新生命;我们有个尚未完全彰显的将来,但这将来必须从现在就开始发展;但因"尚未完全实现"(not yet),所以生命仍是隐藏的。生命的"新样式"虽然从外表是不可见的,但是确实已经出现了。虽然这个新生命意味着完全脱离罪恶、情欲和死亡的辖制,但是请注意,它还未完全实现。因此,新造的人仍在外在生命的束缚下叹息、挣扎,就像保罗在痛苦中的呼求(罗7:24),以及他在重担下的叹息(林后5:4)。虽然内在的生命确实还是不可见的,但它是真实的,而且比任何用来映照世界之路的外在镜子还要真实。

奥古斯丁——探索内在生命的使徒

我们都站在前人的肩膀上眺望世界。谈到内在生命,免不了谈谈奥古斯丁(St. Aurelius Augustine),因为他是史上首位强调内在生命重要性的人。奥古斯丁的《忏悔录》(Confessions)开头就提到:人在好奇心的催促下,会想探索遥远的地方、攀登高山,甚至还想深究海洋,这些都是外在的事物。但是,奇怪的是,我们不大了解自己是谁,也毫不关心自己在上帝面前的内在生命。如果说奥古斯丁以"行者"(Homo Viator, Man the Traveler)著称,他更是名副其实的"灵魂探索者"(the explorer of the soul),每位认真的基督徒思想家,都必定受到他的影响。事实上,奥古斯丁堪称西方意识(Western consciousness)的创始人,因为他大幅扩张了基督徒的内在生命。虽然与摩尼教徒辩论教义、力战古典新柏拉图主义,以及与异端帕拉纠辩论,这些都大幅开阔了他信仰的视野;但是,唯当他默想有关自我认识的经文,他才认知到那内在自我。人可以借由内在自我找到

39

上帝。诚如奥古斯丁所言："当我进到内心最底层,你还在更深之处。"

奥古斯丁所谓"内在自我"的概念,与当代心理学的"自我"截然不同。因为我们愈从心理学去认识自己,就愈不需要上帝。然而,奥古斯丁和普罗提诺(Plotinus),以及在他以先的古典哲学家都一致认为,认识自我是迈向认识上帝的关键一步,也是第一步;诚如他在《独语录》(*Soliloquies*)中所祷告的:"上帝啊,求你让我认识你,也让我认识自己;除此之外,我别无所求。"我们向内观看灵魂深处,就是向上仰望那位更高的存有。奥古斯丁发现灵魂能做出两个行动:向内看,进而向上。第一阶段是从"身体"(或外在现实)转向内在;第二阶段则是沉思默想,瞻仰上帝独特的荣美,看见他是那一切智慧、真理和美丽的源头。

然而,奥古斯丁所谓内在生命的隐密性(privacy),与异教的新柏拉图主义者以及现代版本的内在自我有所不同,因为这种内在生命不是一种无法触及和无法救赎的孤寂,而是与众人同享的。正如上帝是全人类的上帝,真理是应当被表达出来,也是全人类所共享的;众圣徒相通也必然分享着内在的合一,所有人都以上帝的爱来彼此相交。天堂将会是一个领域,在其中我们能毫无障碍地分享彼此内心深处的想法。内在生命的隐密性是堕落的记号,表明罪仍存留在我们的生命之中。其实,我们彼此之间应该完全透明,没有任何障碍阻隔才是。能够运用各种手势、动作和行为向别人表达自我,不仅对于奥古斯丁很重要,对我们的内在生命也非常重要。这么做能帮助我们整合内在与外在、灵魂和身体。另一方面,现代心灵以为灵魂全然降服于身体的感觉,奥古斯丁则不同,他认为,灵魂与身体如同两匹马拉着一辆马车,并驾齐驱、步伐和谐地向着相同的目标前进。

到了中世纪末期,社会经济的巨变撼动了修道院生活的稳定和宗教式"隐藏生命"的建制,教会因而致力于复兴奥古斯丁的平衡观点。圣本笃(Benedict)教导修道院的生活要"祈祷与工作并重"(ora et laborare);但是,荷兰佛兰德斯区(Flanders)的商人与他们的妻子,以及德国莱茵兰(Rhineland)南部的信徒也推动一种新的综合操练,称作"现代灵修"(devotio moderna)运动。这个运动将都市的家庭当成修道院,引导信徒一同祈祷与读经。

英国奥古斯丁修会的教士希尔顿的沃尔特(Walter of Hilton)曾于著作中阐述操练"融合生命"(the mixed life)的必要性,亦即包含外在的行动,以及内在的默想,就像是马大和马利亚住在同一个屋檐下一样。另外,沃尔特也提到拉撒路从死里复活的象征。唯当我们像拉撒路一样,向着自己死,并且向着上帝活,才能落实使徒的宣告:"你们的生命与基督一同藏在上帝里面"。我们若不与基督的死与复活联合,就不能真正地将灵魂与身体、内在与外在的生命合而为一。

宗教改革与内在生命

清教徒继承了这种对"隐藏生命"的关注,视之为家庭灵修的范畴,并且强调修道院式的默想宁静。静默无疑是隐藏生命的一个层面。但他们也从宗教改革继承了另一种认识:自欺本是人的天性。清教徒布鲁克斯(Thomas Brooks)在经典著作《杖责之下沉默不语的基督徒》(*The Mute Christian under the Smarting Rod*,1659)中,对这含混的操练作了很经典的阐释。他将焦点放在《诗篇》39:9,"因我所遭遇的是出于你,我就默然不语",并且开宗明义地提出警告:"我们最大的网罗就是自己"。接着,他也列举几个操练静默的错误动机,包括禁欲主义、政治动机、性情阴郁,以及绝望。另外,他也向我们澄清,真正的静默是充满恩典而圣洁,时常定睛于上帝的。如此敬虔的静默含有以下特点:

1. 即使在苦难中,也晓得上帝与我们同在。

2. 只要我们对上帝的圣洁有认识,就会顺从"要在主耶和华面前静默无声"(番1:7)的命令。

3. 我们愈多经历上帝的恩典,就会愈多降服在他里面,得着安息及平静,不会因遭遇患难而埋怨他,而会称颂:"耶和华啊,我知道你的判语是公义的。"(诗119:75)

4. 我们愈深信"万事都互相效力，叫爱上帝的人得益处"(罗 8：28)，就愈能坚定地倚靠他，将结果完全交在他手中。

5. 圣经一再提醒我们，上帝不会让我们承受不必要的痛苦；苦难是他"非常的工"(赛 28：21)。

6. 我们会愈来愈容易听从上帝的吩咐："你当默然倚靠耶和华，耐性等候他。"(诗 37：7)

7. 最后，我们会明智、满怀信心地在上帝面前静默，完全沉浸于上帝的同在中，以使我们甘愿降服，将自己交在上帝的恩手中，默默地告诉他："耶和华啊，请说，仆人敬听！"(撒上 3：9)

在这个过程中，我们将城市的喧嚣抛在脑后，只求能深入旷野，举目观看夜空星辰。我们也是这样学习培养静默与独处，好能更清楚上帝的本性和行事原则；因为我们现在还是好像对着镜子观看，模糊不清。内在生命依旧如艾略特(T. S. Eliot)所言，是"顺从、纪律、思想与行动的道路；仿佛猜对一半的暗示，又像是只懂一半的恩赐"。[3]

42　　倘若我们仅仅拥有外在的生命，生活就会充满道听途说的意见，以及不经内心对话便随意吸收的态度。我们需要效法马利亚的姿态，将永活真道藏于内心，以至于孕育出那真道。我们的生活不应依赖外在的社会环境，我们需要以深刻的隐藏生命为中心，学习区别内在与外在、上帝与世界，以及圣灵与个人心灵之间的不同。但是，诚如布鲁克斯所暗示的,即使我们做了这些,仍需质疑内在生命的真实性,并且需要明白什么是出于上帝的灵,什么是出于我们自己的性情和呓语。

向内看却无基督的危险

我一直是内向的人。身为在宣教士家庭中长大的独子,自幼又多病,我在成长过程中一直没什么安全感。长大之后,我在牛津大学担任导师;我的职责不是公开授课,而是借由导师制度与学生建立密切的关系。我每周花很长时间聆听学生的报告,这样的生活方式也影响了我后来的发展。我选择成为心灵导师,而不是为学校募款的公众人物,因为若是我想帮助学生培养与基督之间的亲密关系,那么我就无法向别人伸手要钱。为了隐藏的生命,我舍弃更受人瞩目的事业,隐藏的生命成了我一生的追求;这让我不追求体制的成功,而是走个人信仰的道路。

然而,若是失去了基督,这种隐藏的生命会变得十分危险!因为内在领域愈大,自欺的成分也会愈高。我们可能以为良知是我们的心律调节器,后来却发现,这份"良知"与其说是根据圣经,不如说是承袭希腊哲学。个人良知会不断欺骗我们,让我们自以为是"好人",直到后来我们才明白,原来自己被这虚谎给辖制住了。这件事告诉我们,我们一直倚赖环境,却不在乎自我存在的核心。我们可能完全错失了内在灵性的真谛,并且因为个人的肤浅,对自己和对上帝抱持扭曲的看法。我们的内省反倒成为失常的罗盘,误导了灵性的发展。唯独在福音里发展的内在生命,才能让新的自我出生及长成。

　　祷告当然能增强内在导向,但要接受上帝的鉴察,并且向他负责。透过祷告这一有利位置,我们会更清楚地观察外在世界;而自我则想要靠自己独立门户,占有一席之地,想要引人注目更甚于想要讨上帝喜悦。罗尔(Richard Rohr)称这种灵性疾病为"富裕病"(affluenza),它使我们盲目而肤浅。[4] 由此看来,祷告不只是一种灵性操练,尽管我们十分需要它;祷告更是生存性地表达这在上帝面前的隐藏生命,在合宜的关系中崇拜和感恩,内心朝向永恒之爱。

　　不过,我们在进入隐藏生命的路途中,需要向导和同伴,否则这段旅程就会太险峻难行。我认为克尔凯郭尔和陀思妥耶夫斯基都是很好的向导,在探索基督徒经历的深度上,很少有人像他们一样能相互取长补短。两人都认真地探索内在生命,并将其视为最模糊不清的地带。我至今仍然记得,初次读到克尔凯郭尔在著作中论及人在上帝面前的处境时所感受到彻底的自由。另外,根据奥古斯丁的观点,我们需要一位生命的同伴,一起认识上帝,进而认识自己;陀思妥耶夫斯基也在《地下室手记》(*Notes from Underground*)中描述那活在我们自己的隐匿和罪恶动机之地窖中的光景。

克尔凯郭尔谈内在生命

过去两百年以来，在众多伟大的基督教思想家当中，最让我们深刻明白自我生命要藏在上帝里面的，或许非克尔凯郭尔（1813—1855）莫属。天性害羞、多愁善感、语多讽刺，甚至为人轻佻，这些都是他内在生命的自然掩护。他就像在敌人地盘上行动的优秀间谍，不但伪装得很好，甚至把自己完全隐藏了。他写讲章，却不上台传讲。他不希望福音被忽略，而讲道的人又很容易轻易地被排斥，因此他使用笔名发表讲章，所以读者往往不确定是谁在说什么，以及他为何这样说。如同主耶稣常使用的比喻，间接的沟通能更微妙、甚至更亲密地进入我们心中。我们需要自行明白真理，而不是被迫接受抽象概念。

探索内在有时会令人感到恐惧，特别是当我们感受到孤单的真空状态，甚至是虚无的时候。在《焦虑的概念》（*The Concept of Anxiety*）中，克尔凯郭尔巧妙地探讨罪对我们内在生命的影响，那就是一旦失去了上帝，我们也就失去了自我。克尔凯郭尔的论点，也是今日世俗主义者认识到的"生命之轻"（lightness of being）。失去了超越性，临在性就会变得微不足道，甚至乏味平庸。然而，克尔凯郭尔最爱探讨的一个主题是"背离了上帝，我们只有一错再错"。了解这件事，必能帮助我们注重内在的生命。

克尔凯郭尔在许多著作中提到，人类良知需要经历三个发展的阶段。基督徒必须走过这三个阶段，才能享受与上帝的关系。首先，我们本能倾向"审美的"阶段，换言之，我们凡事只看事物的表面。我们需要离开这审美阶段，莫让自己习惯性地像好莱坞明星般展示自己——炫耀自己的身材、聪明、成就、追求幸福的狂热，并且迫不及待地追求立即的满足。也难怪世俗的审美者有如此脆弱的身份认同，不外乎是因为他们在自恋的文化中培养出自恋的性格。医治之道在于不断地向这一切死去，并且更认识隐藏生活方式的重要性。

第二，要逐渐朝向"道德阶段"死去。这里有个更微妙之处，因为道德行动主义会蒙蔽人的眼目，并且很可能导致帕拉纠式的自义，那就是热衷于善行，却滥用科技社会偏好的"工具"和"技术"。在这个阶段中，我们努力成为好人仍是出于自利的动机，结果也与福音毫无关系。讲究这种道德生命的，就都成为了现代的文士和法利赛人。如今，许多体制化的基督徒为教会做了很多事因而德高望重，但是他们并不了解在基督里的隐藏生命，其实他救了我们，"并不是因我们自己所行的义，乃是照他的怜悯"（多 3：5）。

克尔凯郭尔举亚伯拉罕被上帝试验为例，并称其为向道德生活死去的最高典范。亚伯拉罕在那次经验之后，便一直遭受误解。他在摩利亚山上持刀挥向独子以撒，准备杀他向上帝献祭。他的动机至今仍是隐匿未明，而且持续引发争议——他对上帝的顺服是否在道德上站得住脚。然而，亚伯拉罕这位信心之父的信心，仍旧超乎人类道德所能理解。

第三阶段是人类的"宗教"良知。只身对抗丹麦国家教会的克尔凯郭尔，被称作是"第二次宗教改革的先知"，他主张基督教王国（Christendom）需要死去，真实的基督教才能再度重生。倘若他还在世，他可能会告诉你，要作这种先知，就得把自己置于体制之外，容让自己被人忽略。谁要呼召会众悔改，谁就必须舍弃从他们获得的爱戴与回报。一个人不能同时既做教会的领袖，又做教会的改革者。施洗约翰要带领上帝的百姓经历更新，就要成为旷野的呼声；为了宣告弥赛亚的到来，他必须操练隐藏的生命。

向宗教生命死，意味着被拒绝——而且真的得隐藏起来。克尔凯郭尔原先一直很想在丹麦教会中担任教区牧师，但他从未在教堂内证道过，他只写讲章。唯有个别的读者能够了解，做一个基督徒而活出真正隐藏的生命，是多么个人的事。除此之外，克尔凯郭尔也使用讽刺的语气间接向读者表明，正如他在《致死的疾病》（*Sickness unto Death*）中所言："当死亡是最大的危险时，人会盼望生命；但当他发现更可怕的危险其实是活在谎言中，那么他只能盼望死亡了。"[5] 由此可见，当一个人晓得灵魂的绝望在于罪而非死亡，而他又死不了，那种绝望会何等大。

同样，有多少基督徒会为了领受从基督而来的新生命，

46

向自己建立的身份死去？虽然克尔凯郭尔帮助我们朝此方向跨出第一步，"上帝所要的和这个世界不一样，不要效法这个世界"，但他也接着说："啊，从基督教的角度来看，我们这群依旧自称基督徒的人是如此娇生惯养，达不到基督教对自称基督徒之人的要求，就是要向世界死；事实上，我们对那股认真的态度（earnestness）根本一无所知。"当克尔凯郭尔提到"认真"，这个他著作中的关键词，便是在说：要作真正的基督徒，就要以死亡为师，学习什么叫做认真。另外，克尔凯郭尔发现，我们往往将犹太人的敬虔观通俗化了，认为愈亲近上帝就愈蒙福；但是，基督徒的生命却是愈与上帝亲近，就愈受苦。讽刺的是，这么一来，非基督徒要成为真正的基督徒，反而比挂名的基督徒还要容易。另外，克尔凯郭尔也认为，倘若基督徒缺乏认真的态度，便会失去生命的实质。个人的生命随之会失去人性；[6] 但是，认真的态度会有助于我们深化信仰的主体性，并使我们自己拥有信心。

因此，让我们将焦点放在所是（being）而非所行（doing）上面。我们这样做，就会日益经历永不止息的"认真"。另外，温顺地接受被人误解的事实，也会帮助我们内心转向上帝，去"尝尝主恩的滋味，便知道他是美善"。正如克尔凯郭尔所言，"基督教就是一种生存性的沟通"，自己要先拥有，才能与人分享。我们要先在静默与独处中认识这份信仰，才能将它分享给别人。根若不植于土壤，就没有花朵在园

47

中生长;换作耶稣使用的意象,枝子若不连于葡萄树,就不能结果子。

地下心理的谬误

藏在基督里的生命和走入"地下"是两回事,而我们能从陀思妥耶夫斯基(1821—1881)那里明白这一点。陀氏比克尔凯郭尔晚一个世代,以他俄罗斯的背景来说,他也担忧启蒙运动带来的影响,但他尤其提防社会主义既抽象又疏离的意识形态。

《地下室手记》(1864)堪称陀氏其他杰出小说的序曲,写作此书时,他不再满足于重谈昔日之事,也不再为自己辩护。他在监狱待了四年,又被流放到西伯利亚五年。他因而成为真正的基督徒,但是仍不时流露骄傲之气。他自己养成的务实心态,仍会将他推向混乱无主的个人主义边缘,而非和好的恩典。《罗马书》7 章的模棱两可,也就是信心与骄傲的二元性,或许就是陀氏余生的写照;他拥有某种"地下心理",能忍受个人的苦难,却又混杂着对奉承及自恋的贪婪。

陀氏在《地下室手记》中对人性作了深入的探讨,书中主角没有名字。接着,他写了《罪与罚》(*Crime and Punishment*),主角名叫拉斯克尼科夫("拉斯克"[*rask*]在俄语中的意思是"分裂"或"分隔"),他是作者的自画像。拉斯克尼科夫是个独来独往的梦想家，他总是尝试用激烈的手段去测试生存的极限；因为他不晓得自己是上帝或是虫，他一直活在这两个形象之间。金钱与色情是他存在的两大重心，也是"权力意志"的一部分；尼采（Friedrich Nietzsche）就是读了这本小说，而对此概念深深着迷——如果你在世人眼中什么都不是，那么你就要视自己为无所不能（后来尼采更进一步主张，不要只是空想，还要实际付诸行动成为超人[Superman]）。

然而，任何补偿性的行为都无法带给别人生命，因为那只会使我们以为可以成为自己的救世主。讽刺的是，使我们赢得世人称赞的，往往是这类出于补偿心理的行为。默默无闻的女孩席卷舞台，广受欢迎；孤独的男孩埋首书堆，而后成为伟大的学者；被老师当作笑柄的人，后来成为牛气的企业顾问；在学校老被排挤的人，成了著名的小说家。然而，"地下心理"的原动力总是一样的——它们无法使饥渴心灵得着满足，也不能为别人带来生命。骄傲取代了上帝，使我们觉得不再需要上帝的恩典。所谓"地下"，字面的意思是"地底下的空间"，也就是我们的潜意识，在那里头神经质的冲动和激情肆虐[7]，还有许多尚未顺服基督的思想大大地活跃。后来，弗洛伊德（Sigmund Freud）便以此取代了上帝。对弗洛伊德而言，潜意识缺乏分析与道德的能力；然而，陀思妥耶夫斯基却认为潜意识深具道德感，这是他在《罪与罚》中所阐释的。因此，拉斯克尼科夫的梦想和冲动的行为,不断和他抗拒道德价值观的理性头脑相互冲突。爱伦坡(Edgar Allen Poe)称此状态为"乖张的"(perverse),陀氏则称之为"吊诡的"(paradoxical)[8],而"吊诡"也成为他探索人类心理的重要工具。现代失去了超越性,灵性世界并不会因此被消除;但陀氏十分清楚,上帝被移开,恶魔就进来了。

在基督里活着的我们,需要以谦卑的态度分辨什么是真正的隐藏生命,以及什么是疏离的地下人生。真相是,我们被造成为关系性的存在;但是身为罪人,我们的乖张扭曲了关系,不是以爱心,而是以嫉妒与人相处。在嫉妒中,我们渴望占有;但在爱中,我们就会降服。出于本能,我们会仿效心目中的模范人物。假设那人充满智慧又良善,他就会适当地引导我们向天上迈进,而不是停留在地下。因为靠着基督,就不会有利益的冲突,也不会有敌对与仇视;基督是人与上帝之间的中保,唯独他是我们的救主及宇宙万物的主宰。诚如吉拉尔(René Girard)所言,当模仿的欲望受到挫折,我们就会钻到地下去。于是,那在地下室的主角发现,"他已经够自私了,但是这正是苦恼的所在:他没办法自私到底。那强烈的模仿欲望,促使他绕着最细微的障碍打转。"[9]

吉拉尔认为,"模仿的欲望能对人类为何无法成为现实主义者,提出实在的解释。"我们今日所处的世界中,超越性付之阙如,凡是想靠自己应付一切的人,都会倾向躲进地下室。地下没有任何指向超越的路标，我们只能信靠自己的主观经历，化身为"笛卡尔式的小神，除了自己之外，没有任何稳固的参考点或确据"。[10] 吉拉尔又进一步指出，模仿的欲望是败下阵的自私；因此，我们以失望为内心的密友——除非能按照诗人乔治·赫伯特 (George Herbert) 认为的那样，让这两种截然不同的面向，可以在我们里面同时存在。赫伯特活跃于十七世纪初期，是英王查理一世的好友、朝臣，也是剑桥大学的演说家，他名副其实是个公众人物。然而，他却放弃这一切，隐居乡间，像他裁剪自己的诗那样裁剪他的生活 (请留意以下所标示的强调字)：

我的言语及思想皆为表达以下想法。
就是**人生**和太阳一样皆有双重的运转。
第一个**是**直接的，是我们白天的朋友，
另一个是**隐藏的**，两者间接地混合一起。
这个人生包围在肉体里面，倾向这地土；
另一个人生则朝**他**而去，他喜乐地诞生
教导我同样喜乐地活在地上，但心里面仍向上望，
定睛他在天上为我预备的目标，
卸下每日劳苦和**我的**一切享乐，
为要在收割的日子得着永恒的**珍宝**。

50

第 2 章
在上帝面前向有异象的人生敞开

我实实在在地告诉你们，你们将要看见天开了，上帝的使者上去下来在人子身上。

——《约翰福音》1：51

亚基帕王啊，我故此没有违背那从天上来的异象。

——《使徒行传》26：19

我不是自由的吗？我不是使徒吗？我不是见过我们的主耶稣吗？

——《哥林多前书》9：1

❋ ❋ ❋

处在这个为创造专业身份汲汲营营的世代，能遇见卢云(Henri Nouwen)，着实令我心为之一振。那是大约二十年前的事了。卢云和我一样选择从高处往低处走；他离开耶鲁和哈佛大学，转去方舟团体(l'Arche community)照料智障人士。我们谈到这样的做法如何造成同事的误解，两人都大笑不已。如上一章所提的，乔治·赫伯特自愿放弃朝臣的身份，转做乡村牧师，此举深深激励着我。不是所有人都蒙召做如此激进的选择，但是这些榜样仍不断挑战我们作为基督徒的野心抱负；因为一旦以基督教为"事业"，我们的可信度便丧失了。

我们天生倾向抱持属地的价值观，不愿将焦点放在属天的归属上。牺牲奉献的生活是基督教信仰的本质，因为基督教信仰不断要求我们在高低价值观之间作出抉择。另外，牺牲就本质而言通常是不可逆转的，尽管在我们为亲人和好友牺牲之后，会因为看到他们得益而获得一些实际的满足感。不过，倘若我们是为着属天的归属而作出牺牲，就必须凭信心，而不能凭眼见了。

基督徒异象经验的特质

据我所知，卢云和赫伯特都不曾有过所谓的神秘经验，但是帕斯卡尔(Blaise Pascal, 1623—1662)肯定有过。帕斯卡尔是一位数学天才，曾发明史上第一部计算器。1654

年 11 月 23 日晚间,他在家中阅读福音书里彼得三次不认主的经文。他发现自己就是那否认耶稣的彼得,因而痛哭。他看了时钟,注意到这个经验从晚上十点半持续到十二点半。后来他坐到书桌前,将这段深刻的经历记录下来,并题名为"纪念"(The Memorial);后来他甚至将之缝在斗篷里。从此以后,帕斯卡尔所信的上帝不再是哲学家的抽象观念,而是亚伯拉罕、以撒和雅各的上帝,是有位格的上帝,是他进入我们内心,与我们交谈,如同与朋友对话。

基督徒的神秘经验,其实就是与自我启示的永活真神相遇。帕斯卡尔像彼得一样,上一刻还在孤寂凄凉的黑暗里,下一刻便被救拔到光明中,被上帝热烈的爱所包围,罪得赦免,被上帝接纳。帕斯卡尔写道,当他默想复活的基督,整个人充满确信、喜乐和平安,因为他是"我的上帝,也是你们的上帝"(约 20:17)。另外,帕斯卡尔发现,弃绝世界、将之抛诸脑后,伴随而来的只有"喜乐,喜乐,喜乐,喜乐的泪水!"那是"以永恒的喜乐回报在地上一天的奋斗"。[1]

拥有这般喜乐属天经验的,并非只有帕斯卡尔一人。我们都记得奥古斯丁在《忏悔录》中谈到他在园子里的归主经历。我们也想到其他许多人,诸如方济各(Francis of Assisi)蒙召重建倾颓的礼拜堂,诺威奇的朱利安(Julian of Norwich)在异象中见到受难的主,约翰·牛顿(John Newton)在船难中获救、脱离犯罪的生活,以及西蒙娜·薇依(Simone Weil)领圣餐时,觉察到自己蒙基督所接纳——

53

众多如云彩般见证人的经历。我们在生命中遇见上帝，就是与他的爱相遇；尽管这份爱向我们发出挑战，要转化我们的自我意志，扩张我们的渴望。

与上帝摔跤

耶稣呼召拿但业作他的门徒，就是这类相遇的一个例子。耶稣看见他"在无花果树底下"（约 1：48）——那是个比喻，表示拿但业和他同时代的人一样，对弥赛亚的期待受到当时文化的限制。这个比喻暗示拿但业活在一个狭小、自我中心的视野里，认为只要在世上作个"好人"就满足了。从这种利己的角度来看，他还真不知拿撒勒还能出什么好的。但是，耶稣回应他这种局限于世界狭隘渴望的方式，乃是借着延伸他的视野，还应许他将在世上亲眼见证上帝的同在，看见耶稣基督将超越天与地，统管众天使。耶稣这样应许他："你将要看见天开了，上帝的使者上去下来，在人子身上。"（约 1：50—51）

54　　　　这段话显然在暗指当年雅各所做的梦，他在梦中看见天梯，上帝的使者上去下来。在旧约时代，人们很容易将梦理解为人与上帝之间的未定疆界，以及自然界与超自然界接壤的地带；而在今日，人们将梦解释成性格的深度写照。今昔两种观点一致表明，即便在梦中，上帝仍可临到我们，渗入我们的存在核心。

我们不应该贬损那向上帝敞开（即使是在梦中）的需要。以色列先祖在梦中蒙引导（创 15：12—21，20：3—6，28：11—22，37：5—11，46：2—4），之后的基甸、撒母耳、拿单、所罗门、撒迦利亚和但以理，也都做过意义重大的梦。在新约中，约瑟做了很重要的梦（太 1：20，2：13、19、22），保罗的夜间异象也对他的事工产生重大影响（徒 16：9—10，23：11，27：23）。但是，就像先知有假的一样，梦也有虚假的，圣经也常指责假梦（申 13：2—5；耶 23：25—32；亚 10：2）。还有，梦的重要性显然永远次于上帝启示的真道，因为上帝的道是我们生活行为的最高权威。另外一点值得注意的是，圣经中所有视觉性的异梦都需要诠释，这就像在强调上帝的道是最高权威，高过任何的心灵异象。

关于雅各的记载包含两件大事，就是他做的两个梦。第一个梦发生在伯特利，也就是耶稣对拿但业说的那番话中所提的。雅各那时刚离开应许之地，在他预备到拉班居住的异乡的前一晚，上帝在梦中应许雅各与他同在（创 28：12）。不过，雅各力气很大，能够做到平常人做不到的事，比如独自将井口的大石头移开，这显然也容易让他继续做个不祷告的巨人。因此，上帝让他在往后的十四年中经历许多挫折，包括让他两个妻子拉结和利亚暂时不孕。雅各逃离拉班之后，不得不面对生气的哥哥以扫。在他惶恐地与以扫会面以前，雅各做了第二个梦。在黑夜中，上帝的使者与他摔跤，在他的大腿窝摸了一把，他就瘸了（创 32：

55

22—32）。也就是说，雅各必须破碎方得以改变身份，成为真以色列。从此以后，他不再是那个力大无穷、聪明无比、自作主张的夺位者，而是一个曾经与上帝面对面的人。

我在爱丁堡读大学时，常在寒冷的天气里，带着冰冷的午饭，独自一人到国家艺廊附近的公园里用餐；当时的我心情抑郁，觉得自己处处格格不入。多年后，我走进那栋艺廊观赏高更（Paul Gauguin，1848—1903）那幅雅各与天使摔跤的著名画作。高更于 1888 年完成这幅作品，命名为《布道后的异象》（Vision after the Sermon），前景是一群布列塔尼妇女围在一起祷告，那是他们一年一度的忏悔日，中央则是雅各与天使摔跤的想象画面，表示妇女们听道时内心作出的想象，讲道的教士位于画作右下角。高更借由此主题，表明他与当代巴黎沙龙盛行的印象派分道扬镳。他故意将场景设在布列塔尼，意即当时法国最保守的宗教环境，以宣扬一种革命性的新兴艺术形式。

此外，这幅画作也带有创作者的个人背景——高更本人就是那摔跤的人。画作完成四年后，他写信给友人孟弗雷德（Daniel de Monfreid）："我的朋友，你说对了。我是个强人，能够把命运扳成我想要的方式；我可以向你保证，在这五年来我所完成的（意即挑战印象派）可是精心杰作。但我不是在谈作为画家的挣扎，虽然那也真是够了——我谈的是人生的挣扎，我没那么幸运，从来都没有一事如我所愿！"[2] 高更又写道，要赢得这场角力最好的方法，就是每次都用一整天，像摔跤的人一样，"纹风不动，直到开始打斗的那一刻"。

因此，尽管作品涵盖宗教主题，高更事实上描述的，是世俗达尔文主义中适者生存的角力，而非雅各遇见上帝的经历。高更不曾与天使角力，他没改过名字，也从未领受全新的身份。相反，他为了追求自己的前程，抛弃了妻子和五名子女。他的后印象派运动发展出自我表现形式，并预示了现今所谓的"新纪元灵性"；在如此狂妄傲慢的人类精神底下，世界已经没有让上帝临在的空间了。

如今，我回顾年轻岁月，对那段心灵破碎的日子满怀感恩，并视之为属天产业，而不是缺憾。《哥林多后书》7：10一而再地安慰了我，在此引述菲利普斯（J. B. Phillips）所改译的版本："出自于上帝的痛苦，带给人的反而是益处，一点都不会令人后悔。"看来，跛行人生还不算是件坏事！

就像布列塔尼人一样，格鲁吉亚共和国也有摔跤的悠久传统。不久前，我在格鲁吉亚遇见一位得过两次全国大赛冠军的摔跤好手。他告诉我为何此项运动在这个被狭窄山谷包围且孤立贫穷的国家，能迎合国民心理而广受欢迎。斯大林是在格鲁吉亚出生的，他同时也是政治上的摔跤好手，整个世界都在他面前颤抖。然而，我们全都在摔跤：在任性与骄傲中，在想要按己意行事的情欲中。与生俱来的小聪明（亦即我们以机灵的意愿来平衡任性和缺乏意志的方式），在上帝眼中代表心灵尚未受到良好训练。我个人最大的挣扎之一，就是看见自己的意思未必是上帝对我一生的旨意。我们都很容易因骄傲而错失在上帝面前有异象的人生，因为唯有清心的人才能得见上帝。

敞开接受自己必有一死

向上帝的道路敞开的一个有效方式，就是省思自己将有一死。我到了现在这个年纪，更是如此！不论我们几岁，青壮或年老，倘若拒绝"死亡意识"的练习，真的会错失许多。我们无法客观地抽离自己来观看死亡，而是要从主观来接受它无可避免、无法预测的真实。世俗文化令我们否认死亡之将至，这种压制造成十分浅薄的自我观。然而，我们若能常常对死亡有意识，便将更珍惜自己，将自己永远交托在上帝的手中，安然稳妥。有了这份确据，我们就满有安全感，就像保罗与他属灵的儿子提摩太所分享的一样（提后1：12）。

克尔凯郭尔在《三讲论》(*Three Discourses*)的第三讲中，敦促我们认真培养死亡意识。他描写一位年长朋友如何因着培养死亡意识——看万事皆与永恒有关——而大大丰富了人生的每一层面：

他一想起上帝，工作就变得很有效率；他一想起上帝，面对工作或生活都变得很喜乐；他一想起上帝，和家人在简朴的家中就很幸福。他不热衷公众崇拜,不惊扰任何人,他不以不合时宜的热忱妨碍任何人;然而,上帝的家之于他,是他第二个家——现在他已经回家了。[3]

由此可见,克尔凯郭尔并不认为死亡会带来病态或绝望。相反,他认为真正在上帝面前的死亡意识是喜乐,使我们在任何环境下都充满活力,并对上帝充满由衷的感谢。我们可以祷告说:"今天也许是我在世的最后一天,所以,主啊,求你帮助我,为了你的缘故好好珍惜这一天。阿们。"这样一来,死亡便是我们学习"认真生活的导师"。克尔凯郭尔也在《致死的疾病》中提到:"当死亡是最危险的事,我们盼望生命;但是,当我们认识到还有更危险的事(亦即道德的死亡),我们便会盼望(形而上的)死亡了。当危险大到连死亡都成了盼望,那么死不了的无助感就会让人绝望。"[4]

更确切地说,有三种情况形成强烈对比。第一种是将死亡视为地上生命终结点的人,他们切切想望长命百岁。

第二种是害怕道德死亡更甚于肉体死亡的人,他们选择接受基督教隐喻式的死亡。借由基督之死,基督徒了解死亡并不是最后的终局,而是进入生命的通道。在基督里天天死去,会供应我们在基督里新生命的活力。我们天生的性格需要得自由,使赐生命的圣灵将我们置于死地,好让我们在基督里重生。不然,纵使我们拥有丰富的教义知识,也不过是继续在悲惨的自私中卑躬屈膝,贪婪地依附在属

58

地的价值观和财物上。

第三种是处于自我了断的绝望与悲观当中的人,他们一心寻求毁灭。没有复活的基督,死亡就是一条不归路,一了百了。没有基督,死亡也可能代表灵魂从躯体中获得解脱,进入不朽的状态。它也可能另指灵魂的轮回,甚至像后期的罗马皇帝所信的,人死后就变成神明。古代希伯来人认为,人死后会到阴间(Sheol),那个几近空无之地。"在死地无人记念你,在阴间有谁称谢你?"(诗6:5)希伯来人不可试图与死者接触,就像扫罗去找隐多珥的女巫求问死人一样(撒上28:3—25)。后来圣经才提到"睡在尘埃中的"人有盼望(但12:2—3),或许是基于《以赛亚书》24—27章而说的。

但是,到了主耶稣的时代,撒都该人不仅讥笑复活的观念,也嘲讽法利赛人认为灵魂离开肉体后,会变成天使或灵体继续活着的信念。由此可见,历代以来,复活一直是个革命性的教义。

保罗曾于最早的一封书信《帖撒罗尼迦前书》中,向那些"离弃偶像,归向上帝,要服侍那又真又活的上帝,等候他儿子从天降临,就是他从死里复活的、那位救我们脱离将来忿怒的耶稣"(帖前1:9—10)之人致意。之后,保罗详细说明基督徒复活的盼望,他说他们尽管已死去,必和那些在耶稣里睡了的人,"一同被提到云里,在空中与主相遇"(帖前4:13—18)——真的被改变了!复活也是耶稣给拿但业应

59

许的一部分,耶稣应许他必看见更大的事。作为现代拿但业的我们,有时也会深切渴望死后还有生命,却又不敢想象真的会实现。但因着我们对上帝的爱,信心的门便向我们敞开;我们"看见天开了",就会全然接受上帝总是大过我们的想象、渴望或期待。讲到信靠上帝,可不是向那高不可攀的事物敞开胸怀,而是向我们此时此地就能经历到的事物敞开。这一刻我们还站在无花果树下,下一刻我们却看见天开了,远超乎我们最狂放的梦想!

之前提到,克尔凯郭尔最担忧的不是肉体的死亡,而是道德的死亡。对他来说,"道德的死亡"意指由活在一些笼统的概念下(好比"基督教就是国家教会"或"基督教根植于过去")而来的宗教与道德的错觉。正如拿但业对弥赛亚的错误期待必须被暴露出来,这些错觉也都必须被揭穿。但是,套用克尔凯郭尔的话,要"将过去的一千八百年拿掉,仿佛不曾发生过一样",就像质问拿但业能在他的"无花果下"再待多久,亦即还要怀着错误的弥赛亚盼望多久。[5] 若是拿但业渴望真正看见这位出自拿撒勒,以色列宗教地图上"无名"之地的弥赛亚,那些错误的盼望必须死去。人唯有靠近死亡而活,才能反思自己是有限的,需要全然倚靠上帝的真理。拿但业信心的根基不能只倚靠过去的预言,而是要奠基于基督时刻与他的同在。拿但业接受了"来看"的邀请,我们也必须不断地这样做;然后,我们会"看见天开了",预备看见上帝揭开启示,甚至目睹耶稣升天。

60

耶稣升天表明上帝的敞开

耶稣是因着在十字架上的牺牲,才得以升到天上去。他代替我们,成为上帝的羔羊。这项祭司行动的独特性,打破了其他所有宗教的宇宙论,因为那被杀的羔羊如今站在宝座前,永永远远掌权。耶稣在彼拉多手下被钉十字架的痛苦,远超过梅尔·吉布森(Mel Gibson)的电影《基督受难记》(The Passion of the Christ)所能描述的。他死而复活,四十天后,便离开门徒升天了,众门徒都亲眼目睹。从此以后,基督的道成肉身、死亡与复活、升天和五旬节,不但无法分割,更决定了历史的走向,也让我们的宇宙论有了新的次序。[6] 诚如爱任纽(Irenaeus)所认为的,人类学其实就是上帝按着他的形象造人的故事。在这个故事中,我们的眼睛开了,看见耶稣基督就是上帝荣耀的极致彰显。"诸天大开!"这也是已故的教宗约翰·保罗二世(Pope John Paul II)总是不厌其烦将人类历史看为"上帝的历史"的原因。

神学家莫尔特曼(Jürgen Moltmann)用我们从这个世界上看上帝的方式,区分了**将来**(future)及**降临**(advent),他的解释颇有帮助。"将来",如其拉丁文 *futurum* 所表示的,意指根据过去和现在的基础,必要或可能到来的,它带有因果涵义。"降临",拉丁文是 *adventis*,则意指"将来"的展现不仅现于当下,也会改变未来。"昔在、今在、以后永在的上帝……有平安、恩惠归于你们"（启1：4—5）；这是在说，上帝所谓的"将来"并不在于将到来的事，而是在于进入我们世界的主耶稣。

物理（physics）的希腊文（*physis*，拉丁文为 *natura*）一词并无终末论的涵义，纯粹是物质上的；"物理"和"自然"仅能将已经在孕育中的，用一种有机"呈现"的方式反映出来。赫西俄德（Hesiod）认为，宙斯是"从过去、现在到将来"的——意思是他将来和过去一样；这种古典的思维模式，与以赛亚预言弥赛亚的一番话形成强烈对比："预备耶和华的路"（赛40：3）。后来，施洗约翰宣告："看哪，上帝的羔羊，除去世人罪孽的！"（约1：29）只要我们稍微用新的角度观看，就能明白其不同。正如安德森（Ray Anderson）所言："有果效的领导力，是在当下的处境中辨识出上帝应许的记号，并且将这些记号转化成目标，这就是'预备耶和华的路'。"[7]

我在侍奉的经验中，有过多次失败与挫折。事情不如意，像是被囚禁，身在沙漠旷野；好似被流放，又仿佛死了一般。然而，我们却发现，最奇妙的是，不毛之地竟然结实累累，带来生命的超越与升华，甚于以往所能想象。这便是上帝"降临"在我们生命中了。

很久以前，我在还是青少年的时候，得到一张绿色的塑料书卡，上面写着："尊重我的，我必重看他"（撒上2：30），当时我一直把这张书卡放在书桌上。这段话是早我一个世代、活跃于爱丁堡校园团契的利德尔(Eric Liddell)最喜欢的经文。我终生深信此项真理。我曾有过一次蒙上帝看重的经验,事实上那是改变我最大的一次属灵经验,至今犹历历在目,但我很少向别人提起。为什么要秘而不宣？因为说出来的话,会令我大多数的基督徒朋友尴尬,或者至少觉得公开此事应当谨慎。最近有个好友这么建议我："小心地说！"在此揭露这项秘密,有点像是在说："我相信有天使,而且昨天我在院子里正好看见一位。"

　　一般舆论认为阅读彼得·贝格尔(Peter Berger)的著作《天使的传言》(A Rumor of Angels),且从中找出"超然存在的信号"(signals of transcendence),并无不可。葛培理(Billy Graham)也说我们可以相信真有天使。但是,谈到看见天使？诚如纳西昂的格列高利(Gregory of Nazianzus)所言,天使的本质是难以解释的,我们若想找出一个正确的解释方式,只会把自己搞得晕头转向。[8]然而,在福音信息核心的道成肉身及复活叙事当中,都有天使出现。[9]犹太-基督教的信仰,尤其是第一世纪的神学,在这方面持开放态度："先知"是上帝的仆人,"天使"则是上帝派来服役的灵,两者以不同的方式服侍上帝；前者被视为上帝话语的传达者,后者则是表达上帝荣耀同在的灵体。

　　另外,在《出埃及记》里,**使者**和**云彩**之间的差别是很模糊的[10]："在以色列营前行走上帝的使者(希伯来文 *mal'ak*),转到他们后边去；云柱(希伯来文 *'anan*)也从他们前边转到他们后边立住"(出 14：19)——亦即天使与云彩不仅引导,也保护他们。司提反或许也是基于此一传统,才明确地宣称摩西"在旷野会中和西奈山上与那对他说话的天使同在,又与我们的祖宗同在,并且领受活泼的圣言传给我们"(徒 7：38)。那么,什么时候云彩是天使？什么时候神人也是天使呢？

基督徒神秘经验的独特性

1961 年到 1962 年,我带着家人在温尼伯市(Winnipeg)度过了愉快的安息年,那是我们首次造访北美。年近尾声时,我和一大群学生同赴美国校园厄巴纳宣教大会(Urbana Mission Convention)。回国后的某一天夜里,我被床脚一道奇光唤醒。奇妙的是,我并未对我所见的感到惊奇,而是内心深信那是上帝的同在临到我,这是之前或之后都不曾有过的经历。虽然没有任何声音,但我深知上帝在呼召我将生命完全献给他,任他差遣。那夜的我,好似大数的扫罗问道:"主啊,你要我做什么?"又像撒母耳恭敬地向上帝说:"耶和华请说,仆人敬听。"

之后我等了八年,仍不清楚上帝给我的使命是什么。后来,我终于领受了创办维真学院(Regent College)的呼召,离开牛津,撇下我的专业生涯与故乡,移居加拿大温哥华,投入新事工。尽管创校过程中遭遇了许多压力与苦难,

63

但是只要回想那一夜的异象经验，我就重拾喜乐和确据，深知我们全家将自己的未来委身于维真学院及其师生群体，是出于上帝没有后悔的选召。

创校初期，我们经历的无数事情，非信徒可能会说是"不可思议的巧合"；但是，每件事都让我们全家更坚定相信这桩疯狂的创校之举，是上帝的手在一路引领。有哪个人创校的时候只招到四名学生，加上一堆债务，却期望四年后与一所重要的世俗大学建立附属关系？我的孩子将这些事件解释为上帝亲自插手，尽管当时他们还只是青少年。许多维真的教职员工和学生，也在一些事件的过程中亲身经历上帝的同在，虽然他们未必都有我那夜的经历。那么，有异象的人生，在基督徒信仰中具有什么样的意义？我们为何如此提防神秘经验？

如此与上帝相遇的经验带来的影响，是正面且深远的。我认识一对基督徒夫妇，那位太太的父亲酗酒然后丢下妻儿跑了，所以她从小就没有爸爸，长大后也一直都不信任男人。当她遇见未来的丈夫时，她经历了一个神秘经验。她看见上帝将她和这个男人一起拥抱在怀里，以信任把他们圈在一起。但是，这拥抱的圈并不完整，尾端有个缺口在，而且看似沉没至荒芜之中。他们的婚姻持续了二十多年，后来丈夫对她不忠，离她而去；她虽伤心难过，里面却有一股非凡的力量支持着她。她将当初的异象解读为一种确据，深信上帝过去一直都在他们的婚姻当中，将来必要带来更新。她的朋友不懂她为何能抱持这种不屈不挠的精神，但她遇见上帝不只一次，那些奇妙的经验使她深信他是以马内利的上帝。

二十世纪初，宗教体制内掀起属灵复兴，信徒重新对神秘主义产生兴趣，随之而起的还有五旬节运动，各种新形式的信仰经验也开始盛行。如今回顾，我们可将那个年代视为对启蒙理性主义的一种文化反叛。理性主义强调思考，不注重生活，导致人的心灵受压制。早在笛卡尔哲学革命的初期，为了对抗当时的理性主义，**神秘主义**一词便被创造出来了。

罗马天主教对神秘主义的态度比较开放，因为自然神学（透过自然推论来认识创造天地的上帝）以及上帝借着恩典向人启示的观念使之向第三类神学开放：神秘神学（mystical theology）。这是基于某些圣徒经历上帝临在的强烈感动而发展出来的神学。福音派基督徒不接受这类三重进路，他们主张唯独上帝的启示才能让我们认识他，自然或主观的神秘经验，都不能使人认识上帝。

巴特就是一个代表，他从神学立场提出严正反对的观点。[11] 他甚至挑战伟大的奥古斯丁的经验。巴特认为，奥古斯丁与母亲莫妮卡分享的经验，违反了启示神学的正统理解。难道神秘经验不会因为人主观的扭曲，而威胁到上帝作为的客观性吗？难道这不是使神秘主义者成为启示的载体，从而否认了上帝在我们身上动工的超然性？[12] 不过，若神秘经验是以基督内住为基础的,巴特也只能不情愿地承认,它们并非全然与基督教思想不相容。

超自然生活是上帝所赐的,也是基督徒蒙召的生活,这点不容否认。然而,人类心灵并无直接亲近上帝的能力。我们无须为了获得特殊的神秘知识,而像运动员一样锻炼沉思默想。就像所有人为的努力与成就一样,我们在看神秘主义时,应该晓得其模糊及可疑之处。不过讽刺的是,那些对它最充满敌意的人,或许没想到要去质疑他们自己理智的无畏!

上帝可以用任何方式进入他门徒的个人生活中,这点无须怀疑。然而,我们多半习惯性地活在体制化基督教的舒适范围内,不大愿意在上帝面前完全敞开,让他亲自介入我们的生活。如此敞开似乎令人颇感威胁,甚至有死亡之虞——当然如此,就像我们之前所看到的一样。神秘经验的领受者晓得,这类经验远比寻常的敬拜与祷告操练更加深刻,其独特与崇高难以言喻。难怪体制化教会站在既得利益者的立场,总是对这类经验投以怀疑的眼光。因为他们认为,个人独有的灵命关系怎能与普遍的共识相提并论——更遑论是教会的行政体制!

不过,许多伟大的神秘主义者也都明智地提醒我们,切莫过度强调神秘经验本身。这些人总是强调:信息本身比传信息的人更重要。对十架约翰(John of the Cross)、阿维拉的特蕾莎(Teresa of Avila)、诺威奇的朱利安和方济各来说,为自己的好处而沉湎于神秘经验,这本身并无问题。[13]
他们道德的提升及灵命的进深,都见证了神秘经验的效力。
从他们的经验可明显看见上帝是又真又活的上帝,这几位
信仰革新者的生命所结出的果子,也继续大大影响着教会
的生命。所以,十架约翰,这位伟大的西班牙神秘主义者告
诫我们:"拥有这些经验的人少之又少,而且似乎愈是经验
美好,愈令人觉得难以置信……人们因此便认为神秘经验
其实没什么了不起。"[14]

个人与上帝的神秘经验,实非言语所能道尽。艾略特
提醒我们:

> 言辞在重负之下,
> 损伤、龟裂,有时甚至破碎,
> 而在压力之下,会滑脱、崩塌、脆裂,
> 因措辞不当而腐朽,不会在原处停留,
> 不会停留不动。[15]

当我们有了只能用神秘来描述的对上帝的特殊经验
时,唯一能证实那经验的,就是我们个人的回应,以及这回
应是否使我们与他人一同受惠。

如同汤姆森(Colin Thomson)所言,现代文化只对自己
以外的意识体系严苛以对。[16]自由主义十分包容我们自己
的思想体系,却对古人的思想体系非常苛刻,甚至到了偏执

的地步。因此,对基督教神秘主义抱持成见,就是不能容忍不同形式的人类意识。神经生理学家告诉我们,人只有一个意识核心,但是外面包裹着与过往记忆和经验相关的复杂层面,层层堆砌出个人专属的现实、事件与价值观。[17] 多萝西·塞耶斯(Dorothy Sayers)曾在信中写道:"我深深相信,当趁年幼时或心智未遭理性化破坏之前,自然地接受神秘主义和诗化的人生进路,这件事极其重要。"[18] 莱茵霍尔德·尼布尔(Reinhold Niebuhr)也曾说:"每个小孩生来都是神学家",他们问的问题只有神秘主义者才能应付得来。奥古斯丁谈到这份意识,也说它是内在的记忆华厦[19],这一点容后再谈。

新约圣经对于他者抱持开放的态度

我那次切身体会的神秘经验,能呼应保罗阐述的长久信念:"我不是自由的吗? 我不是使徒吗? 我不是见过我们的主耶稣吗?"(林前9:1)我虽未曾亲眼见过基督耶稣,故不能自称为使徒,但从这个词的根本意义来说,我们都能成为使徒:受差派的代表。我们的自由在于我们亲身经历基督,被这经历所激励,甘心服从上帝的差遣。不过,在急着认同保罗的见证以前,或许我们应该先来探讨一下,新约中的基督徒意识是什么样的。

人类意识在过去是可渗透的,和我们现在所经验的不同；因为自从十七世纪以来，理性化就将我们的意识封闭在自我里面，而这过程又被我们总是想要"解决事情"的科技欲望所强化。但是，新约叙事中出现天使、神迹、赶鬼与天启异梦，意味着古代晚期不同实在领域之间的界限是比较流动的。如同克劳斯·贝格尔（Klaus Berger）所言，圣经时代的思想意识中有种"对他者之维度显然开放的态度；甚至，他们期待他者的彰显……他者并未被阻隔在过去，而是潜藏在当下，随时可能浮现出来。终末的实在、奇事、异象和新的启示，皆属同理"。[20] 另外，正因神迹乃是另一领域（上帝掌权的领域）的记号，自由派学者致力于"去神话化"（demythologize），就会导致他们拒绝接受新约中的思想体系。我们应当扪心自问，我们是从自己有限的经验去判断别人的经验，还是从超越的角度判断，好比依照上帝的旨意去考虑。

圣经时代看事情的角度和现代意识不同之处，在于前者不那么个人化和自我封闭，不那么注重感觉，也不那么将身体与灵魂一分为二而忽略灵魂。自我的渗透性让新约关键人物皆以敞开的心态看待摩西、以利亚和施洗约翰，甚至欣然接受复活基督的显现，以及他在我们里面的工作。新约圣经对自由的看法也截然不同：不是随心所欲的自主权，而是**免于**一些事的自由（免于死亡、罪恶、自我，甚至是世俗怀疑论），进而去爱并顺服上帝，去爱别人。保罗认为基督徒的生命是代替式的，是经历基督代赎之死的，是为他

68

人代求，也是为了福音的缘故而甘心受苦的。

哥林多的基督徒自认拥有"知识"（林前8：1—6），因而"有权"自由地做一些事情。他们知道偶像是假神，所以吃拜偶像的祭品不是什么大事。但是，这样做却会伤害较不成熟之信徒的良心，进而可能分裂信仰的群体。于此脉络之下，使徒保罗以身作则，为教会全体的益处而放下权利。他既是蒙上帝差遣的使徒，他的自由并不下于哥林多信徒所自认的，但他效法主的榜样，甘愿放弃权利。在前往大马士革的路上，他亲眼看到那位被钉十架、死而复活的主，看到那自由去爱以至于死的主。后来，他在接受审讯时，当庭作见证说："亚基帕王啊，我故此没有违背那从天上来的异象"（徒26：19）。

大马士革路上的相遇充满了保罗的整个生命，他怎能再继续逼迫基督的身体？因此，以上这些可说总结了神秘经验对每位基督徒的意义：顺服、自由与基督的异象。

新约所有的神秘事件都与一位历史人物息息相关：拿撒勒人耶稣。有些人对神秘事件感到害怕或心生怀疑，当年门徒看见耶稣从水面上走向他们也很害怕（约6：19）。但是，当他们让耶稣上了船，他们便经历了颇具成效的结果（约6：21）。唯有上帝能行走在水面上，甚至平静风浪，又胜过地狱深渊。只要我们在基督里接受他，便能和使徒一样，经历胜过所有人生风浪和死亡威胁的自由。但是，由于经历基督是上帝临在的结果，仍是令人费解的神秘经

69

验,因此我只能毫无疑惑地面对它,凭信心作出反应。贝格尔发人深省地说:"信心就是坚持不懈地投入在上帝大有功效的现实里。"[21] 神秘经验是充满想象力的,却是在信靠的关系中,带着一种祷告般的信心;如此一来,便会将"只有我"(I alone)的感受,化为"我们一起"(we together)的感受。

信心也是一种转化,发生在日常生活和家庭事务中。在新约中,牧羊人在旷野看守羊群,加利利的迦拿在举行婚宴,渔夫出海捕鱼,扫罗在前往大马士革的路上。一旦转化成另一种生存状态,生命就会不再一样。我们对生命和其各项关系的新看法,可以调整旧观念的焦点。我们离开日常事务,突破障碍,并且不再只是相信关于上帝的描述,而是相信上帝自己。

有些伟大的文学作品对如此多重层次之现实,表达了开放的态度。中世纪以老鹰作为《约翰福音》的象征,因为约翰的信息不仅提升了我们的视野,也使我们脱离自我中心,投入天父的怀中,与耶稣同住。范尼云(Jean Vanier)将他默想、研读《约翰福音》的心得集结成书时,也巧妙地将书名定为《被领入耶稣的奥秘中》(Drawn into the Mystery of Jesus)。[22] 耶稣是神秘生活的核心,他引导我们探索新的领域。我们进到他里面,不是为了逃避世界,而是为了带着属天的使命,重新进入世界:照他爱世人的方式去爱人。[23]

我们也想到但丁借两位向导所带来的启迪。一个是维吉尔(Virgil,象征理性),一个是贝雅特丽齐(Beatrice,象征基督之爱),这两名向导协助他探索地狱、炼狱和天堂。约翰·班扬(John Bunyan)要写出《天路历程》(*The Pilgrim's Progress*),就必须做梦。当代作家查尔斯·威廉姆斯(Charles Williams)也在小说《多重维度》(*Multiple Dimensions*)、《下入地狱》(*Descent into Hell*)和《天堂之役》(*War in Heaven*)中,透露出自然与超自然之间其实非常接近。他和好友托尔金(J. R. R. Tolkien)、路易斯(C. S. Lewis)及塞耶斯同样深信,属灵世界不仅与物质世界平行,还是其源头与恒久的根基;因此,我们所做的重大抉择,都有永恒的影响。这么一来,当我们把自己关在顾影自怜的陶醉中,没有能力再去爱别人,或是套用查尔斯·威廉姆斯的话,当我们无法同住共存(coinhere)的时候,地狱就是名副其实的结果。路易斯在未信主以前,就已注意到:

> 欲起未知之事于地,何须野蛮残暴之言,
> 亦无须庄严的咒语!
> 它就躺在我们脚底下;
> 在城外某条街上,
> 曾有人沉落到地狱里去。
> 还有些人在日常生活中,
> 遇见了刚从上帝那里受命前来的天使。[24]

天使的意义

圣经禁止我们敬拜天使,但也命令我们要留意他们为上帝信息传达者的身份;因为天使的出现代表上帝的同在,天使的行动就是上帝的行动,目的是要将上帝的旨意和思想启示出来。《希伯来书》的作者问道:"天使岂不都是服役的灵、奉差遣为那将要承受救恩的人效力吗?"(来 1: 14)天使不受时间和空间所局限,也不受有形或无形的限制,他们总是以上帝使者的身份,在天与地的界限之间服侍。

在福音书的记载中,天使时常出现在决定性的时刻。他们曾向弥赛亚国度的开路先锋施洗约翰的父亲撒迦利亚显现(路 1: 11—25);加百列曾对约瑟和童女马利亚说话,宣告弥赛亚的降临(太 1: 20—25;路 1: 26—38)。牧羊人在伯利恒附近的野地,听见天使天军高唱颂歌(路 2: 9—20);耶稣在旷野受试探、在客西马尼园痛苦祷告时,都有天使来给他加添心力,他们也出现在空坟墓旁(太 4: 11;路 22: 43;约 20: 12)。耶稣升天的时候,有两位天使向门徒说,这位耶稣怎样升天,也要怎样回来(徒 1: 10—11)。

诚如托伦斯(T. F. Torrance)在祝贺我七十岁生日的文章中所写的,我们既处于与上帝建立圣约关系的生命中,就"与天使有种属灵的关联"。天使向我们见证,将来在天上的归宿是全然真实的。他们提醒我们在地上作客旅的身份,让我们对天上的归宿常葆敞开的心。圣经也透过天使提醒我们,上帝的道是神圣的,当以圣洁的心持守之。天使也期待我们接受圣经的话都是出于上帝,远超过我们所能理解。正如托伦斯所言:"如果诸天开启,天使在道成肉身的人子身上上去下来,那么我们也要以类似的方式面对与阐释上帝的话。因为圣经以其被指定的方式,为天与地的沟通搭起了阶梯,不断有属天的使者蒙差遣下来,帮助我们将心思意念提升到上帝面前,与他在灵里相交。"[25] 圣经在我们生活中传达上帝那可畏的临在,也借此成了上帝的家以及通往天堂的入口。

最近我开始探寻如何提高基督教大学的崇拜质量,人们所提出的要求多半是投入更多经费在乐器上。当诗班指挥拥有敬拜的博士学位,知名音乐人的表演引来全场如雷的掌声时,我们正应该向人们重新介绍天使是服役之灵。因为天使才是最出色的敬拜者! 赫伯特在诗作《苦难》(*Miserie*)中承认了这点:

> 主,让天使赞美你名吧。
> 人是愚昧的东西,
> 所做皆为愚蠢和罪恶……
> 我的上帝,我指的是自己。

72   这个想法呼应了《希伯来书》1:6:"上帝的使者都要拜

他",因为天使不仅是上帝话语的传递者、上帝旨意的执行者,也是最佳的敬拜者。比起在旧约启示之初的显著活动,在新约道成肉身的故事中,天使的活动更是积极活跃。"有一大队天兵"将基督降生的消息传报宇宙:"在至高之处荣耀归与上帝!在地上平安归与他所喜悦的人!"(路2:13—14)而在基督复活所带出的新秩序中,天使也扮演同样重要的角色。

先见约翰也将天上圣礼中的天使颂歌记录了下来,至今仍回荡在圣餐的仪式中:"圣哉!圣哉!圣哉!主上帝是昔在、今在、以后永在的全能者。……你是配得荣耀、尊贵、权柄的;因为你创造了万物,并且万物是因你的旨意被创造而有的。"(启4:8、11)他们又对羔羊唱"一首新歌":"你配拿书卷,配揭开七印;因为你曾被杀,用自己的血从各族、各方、各民、各国中买了人来,叫他们归于上帝,又叫他们成为国民,作祭司归于上帝,在地上执掌王权"(启5:9—10)。

此颂歌呼应了《以赛亚书》6:3的"三圣颂":"圣哉!圣哉!圣哉!万军之耶和华,他的荣光充满全地!"不过,以赛亚看见的上帝是"坐在高高的宝座上",约翰看见的则是"被杀的羔羊",因他曾被高举在十字架上,《约翰福音》12:32—33可说是刻意的对照。如此一来,"上帝仆人摩西的歌和羔羊的歌"(启15:3)是刻意的连结,见证旧约与新约前后连贯。人的期盼与上帝的介入在这异象的期盼中结合,而后者更是修正了前者。

同样,加尔文主义者需要格列高利圣咏(Gregorian chants),天主教徒也需要吟诵诗篇,双方也都少不了天使的协助。否则,我们的敬拜容易变成传统倒置的,甚至沦为种族特有的。天使服役的任务就是使我们的耳朵和眼睛张得更大,得以看见上帝羔羊坐在宝座上的荣光和异象,同时连结起世上的万国,将那可见与不可见的融合起来,由此让事情不再只是表面上所见的那样。我们期待君王,而不是被杀的羔羊来统治,我们期待自我中心的体制主义,而不是穷人和边缘人来指挥诗班。下面是十七世纪牧者巴克斯特(Richard Baxter)的祷告,他是首位谈到"纯粹的基督徒"的人:

> 圣洁光明的天使
> 侍立在上帝的右边,
> 或穿越光的领域
> 照你主吩咐衔命而来,
> 协助我们歌颂,
> 否则那被视为至高的主题,
> 非必朽之人口舌所能及。[26]

看见上帝护佑的奥秘

就连世俗小说家索尔·贝娄(Saul Bellow)都抱怨人性

倾向贬低奥秘，"将一切都解释掉"，就像围篱上喳喳叫的小鸟一般。天使歌唱可不是这样！但是，我们不只活在圣经和敬拜的奥秘中，也活在上帝护佑万事的奥秘之中，而这一方面的奥秘是不能轻率排除的。最近有个朋友告诉我，有次她开车在高速公路上疾驶，突然一辆大卡车挡在她前方，眼看非撞上不可，而左右两条车道都是车。她心想这回死定了，索性闭上眼，几秒钟后睁开眼，她发现自己竟奇迹般地超了大卡车，依然安全地行驶在高速公路拥挤的车流中。除了上帝的护佑之外，她想不出有别的解释。

同样，但以理无法解释他在狮子坑里如何活下来，约拿无法解释那条大鱼怎样把他吞下肚，后来又把他吐在干地上。彼得也没办法告诉我们他是如何逃出监狱的。同样，有时许多事情发生，我们只能理解为完全是上帝巧妙的安排。

美国有线电视网（CNN）中东地区社长列文（Jerry Levin）在抵达贝鲁特（Beirut）不久即遭绑架，事后他口述事件经过。当这位信奉世俗主义的犹太人被关在黑暗的牢房，和冰冷的暖气炉绑在一起的时候，他开始思想信仰和上帝。尽管他无任何文字可读长达六个月之久，但是自从1984年4月1日起，在连续十天的默想和心灵被充满的日子中，他开始思索信仰、上帝和人类同胞，此前他从未思考过这些问题。九个月之后，他意识到自己早已踏上信心之旅了。

事情经过是这样的。在 1984 年的平安夜,约莫十点或十一点时,绑架我的人当中的一位突然在深夜里走进我那冻得要命的牢房。更令人惊讶的是,他竟然祝我圣诞快乐,还问我想要什么礼物。我没有多想就立刻回答:"一本圣经就够了。"我需要一本圣经;因为这九个月以来,我虽未能亲自查考圣经,但我蛮确定我已获得信仰了,所以我急着想拿到一本圣经,将它从头读到尾。我特别想知道我对这份信仰的理解是否正确——尤其是关于祷告的部分。出乎意料地,那人两天后带给我一本基甸会赠送的全新红皮口袋本新约圣经,内容包含《诗篇》和《箴言》,还附上一支圆珠笔……

75　　　三天后……我读到《路加福音》2:8—20 关于牧羊人的经文——"既然看见,就把天使论这孩子的话传开了。凡听见的,就诧异牧羊之人对他们说的话。"……我听到漆黑冰冷的牢房外传来脚步声,那个声音提醒我赶紧将眼罩盖好,我立刻这样做了……那人离开后,我又把眼罩推到额头上,就看见自被挟持以来最惊人——或者至少是独一无二——的景象。地上一团融蜡上方竖立着一支小蜡烛,烛火摇曳;蜡烛旁边有一碗水果,再过去是一只大盘子,内有一个"条状"的巧克力蛋糕。蛋糕前方有一个精致、漂亮的微型马槽布景,精刻的松树环护着木制的马厩,并向一方开展,马厩内有个小小的马槽,马利亚坐在马槽前怀抱耶稣,约瑟站在马利亚身旁。有几个牧羊人看着他们,加上几头牛、马和羊——这些物件的刻工或上色皆出自精细的手工，尺寸也比玩具兵还要小。

短短几分钟之内，我的身体和心灵满得力量，我和耶稣降生之间千百年岁月的间隔似乎消失了。我想到这间牢房就位于伯利恒以北不远处，耶稣就降生在和这牢房一样冰冷和不舒适的马厩里，顿时有种身临其境的感动涌上心头。……将我们所目睹的讲述出来，试着让别人理解很久以前发生的那件事，这就是牧养的真谛了吧。我相信这项工作足以使我们的余生忙得有意义。尽管这份工作没有结束的一天，但是每天都有新的开始，而我也乐意去做成。[27]

借着天使出现在我们的生命中，我们就能穿透感官和不信的帕子，辨认出上帝不可见的工作。若是我们向上帝赐予的关怀与爱敞开，天使就会向我们宣告那些工作。上帝的护佑与使命都裹在天使的翅膀下。耶稣劝诫门徒："你们要小心，不可轻看这小子里的一个。我告诉你们，他们的使者在天上常见我天父的面。"（太 18：10）

托伦斯说过关于他父亲的一个故事。他父亲曾在中国东南部作宣教士。有一天他收到一封信，发件人是一个从未听过福音的中国人，此人曾多次踏上寻找"永生"的旅程。有天晚上，他梦见自己走在一条山路上，碰到一石头拱门，上面刻着几个字："永生之道"。他刚要走进去，一位身穿白袍的男人迎面而来问他要做什么，他回答说自己正在寻找永生,身穿白袍的男人便邀请他走进拱门里去。此时,梦就醒了。他很兴奋地将梦境说给一个朋友听,朋友听了后告诉他,他手上刚好有一本小册,是一位陌生人发给他的,小册名为"永生之道"(The Way to Eternal Life)。小册的作者是一位宣教士,也就是我好友托伦斯的父亲。那位中国人的寻道之旅终于有了结果。

虽然"我们一生的年日是七十岁"——我早已过了这个岁数——路加却提醒我们,复活之后,"不能再死,和天使一样"(路20:36),因此我们拥有一个不会再死的未来。难怪保罗的话深得我心:"我不是自由的吗? 我不是使徒吗(我不是奉差遣的吗)? 我不是见过我们的主耶稣吗?"我们的来生不会被封在坟茔的土堆里腐朽,而是向永生敞开的。

今日许多撒都该人似的基督徒,没有活在基督的复活与升天的荣光中。他们的脸没有向诸天敞开。他们需要被提醒,当年摩西上山领受十诫,山下的百姓见他迟迟不下山,"就聚集到亚伦那里,对他说:起来! 为我们做神像,可以在我们前面引路,因为领我们出埃及地的那个摩西,我们不知道他遭了什么事。"(出32:1)今天也有人同样问道:"耶稣基督发生了什么事?"如今他在天上,仍然是一个独特的"人",就是上帝希望我们都成为的那样人;因此,我们的归属在天上,而不在地上。基督升天所指向的就是这个归属,也就是我们活在地上的目的。对我们这些"等候他儿子从天降临"的人(帖前1:10)来说,生与死、成与败、真实与表象、敬拜与偶像的意义，不同于它们对世界的意义。

上帝的道是我们的标准

尽管我们已在本章引用许多经文，当我们向超然敞开，仍须探究圣经所扮演的角色。我们对超过自己知识范围以外的一切，很容易变得"晕头转向"，进而轻信别人。有一回，内人芮塔和我在温哥华海边仰望一只巨大的气球飘浮而过，我欣赏它衬着蓝天的壮丽图画，她却在找气球系于地面何处！循缆索由天蜿蜒而下，底端原来是停靠路边的一辆丰田汽车。内人郑重地宣布："我就是吉姆的丰田汽车。"上帝的道也是一样，它必须是我们从天而来的灵感，又是每日生活的实际锚泊。

小时候我常看见父亲顾着读他的圣经，却未注意到我的需要，这使得我对读经兴趣缺乏。后来我发现约翰·缪尔（John Muir）也有相同的经验，那经验驱使他独自前往苏格兰高地峡谷区，去与大自然交流，而不是与他父亲的上帝交谈。他成为环保团体"山脉社"（Sierra Club）的主保圣人，更像是环境泛神论（environmental pantheism）的领导者，而与童年的基督教背景渐行渐远。读经这件事对我产生一种情感瘫痪，以致我必须求上帝释放我。我开始明白圣经有三种版本：古代的、现代的，以及神经质（neurotic）的！我们挺认识前两种版本，却不易察觉第三种的存在。许多基督

78

徒，尤其是从小就认识圣经的人，一直无法克服这个问题，白费了许多灵修的光阴。或许我们需要从新的角度来看，好比克尔凯郭尔发现圣经是上帝写给我们的情书一样；或者将圣经视为文集，不同的体裁反映出不同的写作目的；或者视之为吗哪，每日从天而降，成为我们的灵粮。

依据人生的不同阶段来使用圣经，对我个人颇有帮助。当我欠缺默想的操练，我就花一整年在《诗篇》119 篇上。每八节为一段，作为我默想的架构，每天一节，逢周六则默想两节。年轻的时候，有人教我花几年时间好好读《箴言》；后来学识渊博又极其敬虔的挚友兼同事华尔基（Bruce Waltke），引导我重新深度探究《箴言》；在令人印象深刻的四年时光内，主祷文成为我默想的内容与引导；此外，我也同样时常默想福音书。圣经一直是我人生旅程中的诸多路标；某个阶段看重的是教牧书信，另一阶段是保罗书信，《诗篇》则是不变的同伴，还有其他各种我们所继承极其丰富的圣经宝藏。

因此，我们愈多被上帝的道所雕塑，就愈不会只是心理学的存在——向超然封闭，仅由扁平的主观意识引导。在后一种状态下，我们无法充分察觉上帝在历史和属灵层面上对他百姓的作为，也无力深入探索自己的情感生活。我们的人际关系会倾向抬高或激发身份认同，实则是在破坏或转变它。从自己的角度看自己，像给自己套上牢笼。对照之下，从圣经的视角看自己，会扩展我们的视野，直到看见那永恒的庄严荣美。唯当瞥见永恒，我们才得以开始认识早期教父所谓的"双重知识"（double knowledge）：我们愈认识上帝，愈对自己有真正的认识。

若无圣经，灵魂每况愈下的绝望就成了自然的结果。我们对此绝望可能丝毫不察，除非我们反省到生命是何等枯燥乏味。或者我们晓得自己是悖逆上帝的，而故意落入绝望中；或者我们因为缺乏决心，落在绝望中而怯懦。所以，我们需要天天倚靠上帝的道而活，好叫封闭的天然生命和敞开、永恒的归属保持整合。这就是为什么童贞女马利亚是基督徒的真正原型，她领受上帝的道，将之包裹在她天然的子宫里，同时向上帝的应许敞开，大大地敞开，纵使周围的人都认为那应许简直不可思议。她仍是一个完完全全的女人，同时完全地成为她自己。[28] 圣灵赋予她能力，使她成为上帝手中的器皿，承载道成肉身的奥秘。这位女性帮助我这个男人也能够信靠上帝的应许："上帝能照着运行在我们心里的大力，充充足足地成就一切，超过我们所求所想的。"（弗 3：20）

第二部

个人呼召优先于体制生活

第 3 章
基督徒公共生活的超现实主义

是教会的四面墙使人成为基督徒的吗？

——奥古斯丁,《忏悔录》

我想倘若我曾是认真的基督徒,我会为自己未能早点认真,反而先作其他各种尝试而感到万分羞愧。

——克尔凯郭尔,《日记》

上帝啊,求你为我造清洁的心,使我里面重新有正直的灵。……不要从我收回你的圣灵。

——《诗篇》51: 10—11

❋❋❋

我们大致上已看见，对那些不认为耶稣基督是上帝儿子的人而言，基督徒的生命是隐藏的。或许对于信心旅程中"还未到达"的朋友来说，也是一样。但是，那并非骄傲的地下生活，因为基督徒乃是谦卑地向上帝的奥秘敞开自己。

在这两个领域之间，我们要来探讨基督徒公共与个人生活中间的模糊地带：组织化（organized）的宗教。公共的宗教生活正在迅速失去可信度，甚至濒临死亡；基督徒生命也因为既不够深藏在上帝里面，又不够向上帝敞开，以致其可行性备受质疑。其受人质疑之处在于，它混杂了世俗的和自我的方式，却又声称是上帝的方式。这样的超现实主义，对上帝或人与生俱来的罪性，都不全然真实。诚如帕斯卡尔在《思想录》（Pensées）中所言："罪恶传递之奥秘，竟然完全不在我们的知识中，实在叫人震惊！岂不知没有此种认识，何来对自我的认识！"[1]

我在公共生活中的专业经历

家父是农家子弟，在我小时候他就常智慧地鼓励我在周末的服侍中与矿工和渔夫往来。同样，我们的教会生活也低调地围绕着不从国教的"福音堂"（gospel hall）。因此，我很早就明白，农夫一般比"都市佬"更能忠实地保存住活泼的真道，因为他们的生活单纯多了。我在学术圈度过整个成年生活，对于各种错置的专业主义（professionalism）

极度不满。虽然为研究道德标准、能力表现及成就而设立的协会都有存在之必要，但以专业努力为唯一焦点，却会使人忽视其他的道德要求。我职业生涯的各个阶段，都曾由于对专业主义的政治手腕逐渐失望，而需要作出艰难的抉择。

我从爱丁堡大学毕业后，于 1944 年加入正在起步的区域规划领域，并担任克莱德河谷区域规划局（Clyde Valley Regional Planning Authority）的地理学家。团队总策划屡屡基于政治而非客观研究作出独断的决定，促使我下定决心，不再将前途投注在这样的职业里，尽管作为该领域的先锋，我有着大好的前途。后来，我在牛津大学担任教职的时候，因为一件关乎道德原则的事情，我本已准备递出辞呈；没想到，在那件事解决之后，我反而升任学院的财务主管，但我已不再眷恋"牛津的梦幻塔尖"。更后来，在担任几个福音机构的理事时，我发现许多机构行事偏向于依照权宜之计，而非诚信原则。

在我蒙召到温哥华创建维真学院时，一位受人敬重的基督徒领袖，也是我们家的好友劝告我："不论你在基督徒领导力方面培养了什么技能，你都要确保自己作一个好的委员会组织者和有效的募款者。"然而，我做的第一件事却是决定，作为属灵导师与募款是直接冲突的。将当基督徒领袖与筹款划上等号，实在很有问题。机构经费的压力当然需要极大的属灵资源，但有时我必须拒绝潜在的资助者，并这样询问："我们在属灵上是否预备好接受一百万美元？"
金钱虚谎地应许更大的自由，但那会叫机构的属灵品格付
上多大的代价？董事会与行政单位是否会为了自身的缘
故，全神贯注于各项计划与发展，而失去了起初的异象？政
治是否取代了属灵的价值观？我们是否和草创之时一样，
感到需要紧紧倚靠上帝？

在拓植教会和创立大学这两件事上，我都经验过从活
泼青春的团契，渐渐转为罹患关节炎的体制化过程。体制
化环境容易变成以技术为主导的架构，几乎不容上帝的灵
有机会影响决策和指引方向。于是，体制的成长产生了自
己的生命——形成从个人化到官僚化的钟形曲线。这种曲
线早先是慢慢产生的，可能花上几个世纪，但是现在却能在
一个世代之内发生。一日千里的科技和爆炸式的富裕，都
是促成"位格性"向"体制化"转变的重要原因。

在此过程中，上帝给个人的呼召（亦即我们所经历的，
诚如诗人奥登所言："我虽不愿，但我不得不"），却与世俗的
专业呼召（亦即"我想要成为某一种人，所以我要选择自己
的专业"）形成反差。一旦上帝的呼召被专业化和效率的要
求所代替，并且被教职员须知、员工手册、行政助理和永远
不足的预算所扼制，就会导致形成体制化的钟形曲线。起
初的异象在赚钱大业中消失了。最初为了灵性的教育和培
养而成立的单纯社群，最后却变成专业生涯至上的偶像崇
拜环境。宗教价值与文化价值之间的相互复制，只会使人

怀疑这个社群所公开宣称的"基督教"性质。我的一个朋友曾说,以弗所教会失去起初的爱心,可能是因为那些领袖们从与人分享上帝之爱的好消息,转而去研究护教学和神学。所以,我们不要把宗教机构看得太重,因为晓得那些机构组织不过是瓦器而已。瓦器中或许仍有福音的宝贝——只是可能已朝不保夕了。

门徒训练是位格性的,不是专业性的

在四福音中,耶稣的服侍与犹太领袖的既定利益及耶路撒冷的圣殿经济,产生正面冲突。耶稣的典范指引我们"不断革新"(*semper reformanda*)。首先,耶稣从未使用过权力,因为他的国不属这个世界。门徒训练不是政治改革运动,强迫的行为在属灵上也毫无价值。若要表明圣经价值观是我们的立场,我们或许要放弃地位和官职;辞职、交出权力、退出政治职位,可能都是需要做的。登山宝训仍是现今基督门徒应有的立场,背起基督十架仍是舍己的终极形式。

第二,耶稣回到以色列最初身份的根源,而非创造一个崭新的革命性国度。他其实回到了上帝起初对以色列的旨意,而不是日后以色列所倡导的政治意识。或许目前对于初代教父的兴趣,也会给教会带来另一次改革,而不是一直保守地接受我们的宗教改革遗产。现在我们更清晰地看

87

见,宗教改革从一开始就因着政治地理和文化因素而有所妥协。魏乐德(Dallas Willard)于著作《心灵的重塑》(*Renovation of the Heart*)中清楚指出,体制的无能在于它们无法改变人心,这就是为什么耶稣未曾差派门徒去改变政府,甚至去建立教会,而是差他们去改变人心。他的国不属这世界,他的革命非关社会与政治架构,而是关乎思想和意志的改变,意即心灵的改变。我们可能会发现保罗写信的对象其实都是很简单的家庭教会,也会注意到他所使用的是通用希腊语。我们看到最后的晚餐只着重在一个焦点,也就是某种效忠的宣誓。我们也读到穿插在健全的教义中的实际生活教导。值得注意的是,耶稣的比喻总把背景设在单纯的农村生活,而非属世宗教领袖的政治生活中。如同《马太福音》21:45—46节所说:"祭司长和法利赛人听见他的比喻,就看出他是指着他们说的。他们想要捉拿他,只是怕众人,因为众人以他为先知。"

第三,耶稣不断地抨击陈腐的道德观,以及文化与政治上的伪善。如之前所讨论的,成为基督的门徒有一项令人不安的要求,就是要与上帝建立独特的关系。我们曾引述耶稣提出的挑战:"人到我这里来,若不恨自己的父母、妻子、儿女、弟兄、姐妹和自己的性命,就不能作我的门徒"(路14:26,参和合本括号中内容)。马太也记载了同样的信息,但语气较缓和些:"爱父母过于爱我的,不配作我的门徒;爱儿女过于爱我的,不配作我的门徒"(太10:37)。这

88

两节经文都暗示,活在传统之下,和清楚、独特地作基督门徒,两者之间的张力极大。亚历山大的克莱门(Clement of Alexandria)将"恨"解释为"不因非理性的怂恿而分心,也不容让自己倚赖传统习惯……去讨好世界"。[2] 我们在与基督的独特关系中,既有"恨"也有爱,这里的爱恨非关激情,而是区别善恶的道德标准。如此的大爱需要大恨,而上帝的仆人弥赛亚就被形容为"喜爱公义,恨恶罪恶"(参诗45:7)。

早期的清教徒学者帕金斯(William Perkins)认为,基督徒有两项呼召:主要的呼召是作真门徒和上帝的儿女,次要的呼召是世俗的召命,甚或是专业的服侍。事实上,首先带着学术关怀认定牧养事奉需要认真的教育训练的,就是清教徒。[3] 但是对他们来说,这项呼召的重要性仍属次要。最重要的召命是作上帝儿女的呼召,对于今日的我们也应是如此。若有人想要在教会服侍中发展职业生涯,其实就会变成一位"神学记者"。他或能精确地描述别人想过、信过的事情,但作为记者的他,却不一定能活出那些真理。相较于当年圣殿里视耶稣为死敌的掌权者,这类的领袖也好不到哪里去。他们的基督教事工和其他世俗职业并无二致。十九世纪八十年代,英国首相格莱斯顿(William E. Gladstone)在书信中提到的一句话,让我深为感佩。他说他对于在牛津和剑桥大学设立神学院院士颇为犹豫,因为担心它们最终会将"从上头来的呼召"给世俗化了。

或许最重要的问题在于克尔凯郭尔所谓的"天才"和

89

"使徒"之间的不同。[4] 使徒是蒙上帝呼召的普通人，将信息传达给众人——就像送信的人；而天才是具有天赋才干之人，凭个人雄心来决定追求自己选择的专业。"天才"这个词不是指拥有超凡智力的人，而是指这样的人，他们够灵巧，或够聪明，懂得动脑筋得到自己想要的。正如奥登所言："真正的'使徒'铁定会说：'我虽不愿，但我不得不。'"[5] 这样的"奉差者"认为自己完全不足以承担重任。

我们不但蒙召见证基督的复活，还蒙召去亲身经历内心的呼召。我们像保罗一样说："我什么时候软弱，什么时候就刚强了"（林后 12：10）。在此过程中，我们"蒙恩"（be-graced），以致天然的本能伏在更新的特质之下，原有的性格也经历改变。我们确实向着自己死了，为的是成为上帝的信使，而不是为了展现天赋才干。没有人立志作这种痛苦的逆转，这就是为什么它是呼召，而不是个人兴趣和抱负的主动追求。或许正是因为作积极主动的聪明人和作软弱的使徒之间的差别，是我们从未涉足的领域，才会使今日的公共服侍呈现一片超现实主义的光景。有位曾任某州联邦法庭大法官的朋友，曾被一法律系学生问道，何谓成为一位好法官的第一步。我的朋友回答："没有当法官的野心！"

什么叫超现实主义？

如同法文艺术词汇 *surrealisme* 所指，超现实主义

（surrealism）就是"超过现实"（over-realistic），以一种梦境般的气氛表达下意识的想法。但是，这种气氛仅能模糊地触及自我和亲密关系。在超现实的世界里，我们不能完全清醒地面对现实，因为没有充足的标准明白什么是现实。在都铎王朝时代，因着威尼斯玻璃镜的发明，西方意识（Western consciousness）初次晓得何谓超现实。人们第一次看见自己的脸，不再从磨光金属上看见模糊的映像。由于镜子的使用，自我变得更能意识到自己，因此也更懂得表达自己。为了展现这份崭新获得的自我意识，身处于中世纪和现代世界之间的伟大剧作家，开始提倡认真追求"真诚"；同时，自我意识也被挑战，要揭示掩饰的愚昧。音乐的发展亦然，大键琴很适合表达这种简单、明确的"真诚"意识。为了追求道德上的真诚，清教徒开始检讨"良知问题"。不过，比较机敏的人也警告：基督徒生命中的罪性，本质上倾向自欺。《哈姆雷特》（Hamlet）剧中的要旨就是真诚，正如波洛涅斯以为父之心给儿子雷欧提斯的叮咛：

> 最要紧的是：对自己要真实，
> 务必奉行，如夜之继日般，
> 如此你将不致对任何人虚假。

　　然而，若是我们忘记罪人的本性是自欺，那么所谓的"真诚"就是超现实了。如果"世界是个舞台，一切男女不过是演员",那么角色扮演就是表演,因为我们本性上都是堕落的人。这种自我意识的变化,会幻想真诚,好比莎士比亚的梦幻剧《仲夏夜之梦》(A Midsummer Night's Dream)所描写的:

当想象力具体产生

未知事物的形体,诗人的笔

便赋予它们外形,给那虚无的东西

一个实际的居处和名字

但是,在想象的嬉笑、欢乐和魅力的表层之下,却潜伏着暴力、贪欲、嫉妒、梦魇,甚至死亡。莎士比亚在《暴风雨》(The Tempest)中也描写了这种超现实主义:

我们这块料子

如梦境一般;短暂的生命

到头来仅是一宿。

这些对白是否反映出这位伟大剧作家的预告:摆在"现代人"面前未探索的世界是令人畏惧的,而且随着它愈来愈人性化,就愈来愈不真实?抑或莎士比亚的《暴风雨》只是反对浮士德,留给我们的不是作为"上帝之狮"的埃里厄尔(ariel 的希伯来文之意是"上帝之狮"),而是也幻想着侵占上帝领域的浪漫的、梦境的虚无？

　　《诗篇》将我们灵魂的情绪映照得一清二楚；它强烈地哀叹人类的无能为力，此乃彰显了我们身为罪人的困境。然而，科学与技术的卓越成就，却使人类愈发形成自我独立于上帝之外的幻觉，以致妄想自己可以创造真实。现今世代超真实(hyper-reality)的标志，就是电视大众传播媒体。因此，超现实主义也因着科技所产生的放大效果而被强化，这一再表现出人类自我的崭新扩张。超现实主义的极端形态，就是认为我们是自我独立、自给自足的。如今，超现实主义看似横扫整个地球，其规模之大、范围之广超过了海啸，却几乎无人戳破它的假面，人们反而不加批判地全盘接受，仿佛它是如今发生在人类当中最美好的事情。它欺骗了我们，使我们相信它是有果效的、有力量的、真实而毋庸置疑的。

超现实主义是后现代之"疾"

　　浮士德不是唯一将灵魂卖给技术的人，因为现在科技已主宰了普世的想象。我们只消翻一翻家庭旧相簿，即可看见科技带给生活多大的改变。"个人身份"一度是别人送给我们的社交礼物，如今却是我们借由学习更多技术所获得的专业成就。"家"一度是基督徒家庭生活的神圣空间，如今却被科技玩意儿占据。"教会"一度是一个群体，如今却是结合基督教与资本主义及企业家精神的生意事业。因此,倘若我们不加批判地一再接受科技的入侵,却不加以限制,我们的生活就已被超现实主义接管了。在这个电视和电影的年代,幻象支配了人类的感官——远超过莎士比亚所能想象。围绕堕胎、同性结合和学校祈祷的抗议行动,只不过是企图抓住道德实存表象的一些微小尝试。不过,这些抗议运动需要充分运用科技,不然又如何能让个人的声音在今日被听见呢?

所谓组织化的基督教,正是屈服于这股科技化的超现实凌驾力。举近期电影《基督受难记》为例,屏幕画面让观众流泪啜泣,因为他们经历阅读福音书叙述未曾感受过的感官震撼。观众的反应是真实还是超现实? 当投影让讲道黯然失色,主日崇拜是否更让会友印象深刻? 或者,运用科技来营销,是否会让信息变得更缺乏说服力? 若是媒介让听者分心,人际间的沟通是否会变得模糊和冷漠了?

这些文化趋势影响着我们的基督徒生活,尤其深刻地影响着我们在事工、教会成员制和职分上,以及在神学教育和其他机构中所扮演的公共角色。我们的道德在那些领域睡着了,我们知足地活在超现实里,却以为是在事奉上帝,只因我们运用了最先进的科技辅助工具! 事实上,在公共的宗教生活中,我们备感文化压力——外有专业主义和务实主义,内有神经质驱力的扭曲;在内外夹击之下,我们必须彻底质疑现实的本质,才不会让现实和超现实之间的界

93

限愈发模糊。

宗教机构的成功故事虽叫大多数的人羡慕,但是成功是公众和文化上的评判,对上帝的忠心却是向外界隐藏、由上帝评断的。只要追逐"成功"名声的世俗抱负取代了最初的个人牺牲,就会产生败德之事。"忠于基督"与"成功"是相互冲突的,因为忠于基督的标记,就是基督十架牺牲的实在;而超现实之极致,就是从基督的十字架中图谋一番事业。只要基督教王国的概念仍是文化的一部分,其超现实主义就还未被暴露出来;不过,由于它如今让人难以相信,因此变成像世界一般——太过世俗化。就连世人也晓得,牺牲奉献的生命和自我中心的生命是有所区别的。

另外,宗教机构往往忽视罪,因为它被设定为永不会犯错。多数票永远是对的。机构愈大,就愈没有人敢挑战它。统计数字的成长看似能证明所做的事是对的。机构被设立不是为了悔改,不是为了革除个人弊端,也不是为了深入认识机构本身。相反,机构的设立是用来在手段上信靠自己,而非信靠上帝。机构成为偶像,而非敬拜永生上帝的器皿。我们若是对公共宗教生活不加辨别、一派天真的话,就难以想象自己会公开崇拜多少偶像。

事实上,我不确定机构能否真正被冠上"基督教"的名号。唯有人能成为基督的跟随者。诚如匹兹堡三一圣公会学院(Trinity Episcopal School)院长保罗·扎尔(Paul Zahl)以其蒙召之热情所发表的言论:"没有人是集体式地听见上帝的话，没有那种事。我作了三十年的教区牧者，从未遇过有谁是集体听见上帝的话……简言之，福音不是说给集体听的。"[6] 约翰在所写的福音书中，也将"众人"和无道德责任感、不真实、虚假连在一起。克尔凯郭尔提到"单一的个体"是单单信靠上帝、时常侍立于他面前的人。上帝定义那人，他在上帝面前独自具有实在性，于是晓得自己虽是罪人，但也因着上帝的恩典，成为一个特别的人。

传统上认为，**现实**（reality）指的是在我们周遭和里面，我们所无法改变的事（此词源自拉丁文 *res*，意思是我们可以确认的"事情"）。但是，伯格曼（Albert Borgmann）却主张，我们创造了一个替代品，即可任意处置的现实，好随己意采纳或抛弃。[7] 这样的现实，是由我们本身的心灵需求与物质文化的相互作用创造出来的。在消费主义的可任意处置的现实里，录制的音乐、购物中心和主题公园主导一切，把许多人性化的环境排斥在外。如今，可任意处置的现实已遮蔽了挑战我们作为道德责任者的威严现实。

真正的现实涵盖多重面向，并拥有深度和多样化的特质。虚假的现实，或超现实主义，则取决于实效性、技术性，缺乏位格性。在接受它的同时，我们也变得超现实，拿人的意识去换取一种梦幻般、选择性的感知。因为我们会经常用别人的眼光来看自己，好测试自己想法的正确性。科学家把现实当作一个充满待解决问题的领域；哲学家从厘清"真理"传播之谜当中寻找现实；宗教人士以礼拜仪式或神学观点为起点,将焦点放在生命的奥秘上;企业家从方案、计划、消费和组织的角度来评断现实。同样,现实的基督教信仰,需要从人性层面整合这一切现实面向,却不被其中任何一面所诱骗或掌控。

现实乃个人亲身的叙事

我们以自己的"意识"为起点。我对体制化教会提出许多批评,或许是因为我向来是一个"自由教士"(freechurchman),相信各地独立教会的价值。我从小在弟兄会(Brethren)聚会,在那里"信徒皆祭司"是中心焦点。我从不相信婴儿洗礼;对我来说,那像是体制化宗教的一个迷思。我在牛津大学待了二十五年,这些年日对我影响深远,在那里只要你是英国国教徒,信仰是可被接受的,但要是你参加的是弟兄会,就会被视为怪异的、狭隘的。这至少影响了我的思想认同。

另外,我也成长于苏格兰,而非英格兰的教会中,我们的教会承袭了宗教改革的文化差异。十七世纪的英国内战使得派系分别更为明显——辉格党(Whig)或托利党(Tory),蓝领或白领,文法学校或公立学校,地方教会或国家教会。孩子在长大的过程中,会属于许多英格兰俱乐部之内或之外,每个俱乐部各有其神奇内圈,就像由大套到小的俄罗斯套娃一样。这些经验不是让一个人成为边缘人,就是中间派。套用诗人贝杰曼(John Betjeman)的话：当你住在外面，你自然比较能发挥创意批评"多彻斯特酒店(Dorchester hotel)里那些光鲜亮丽的人"。[8] 我们的想法即使不为从前获得的观念与经验所控制，也总是会受它们的影响。

英国内战期间，与主内弟兄姊妹一同受苦的巴克斯特选择不加入"派系"，称自己为"纯粹的基督徒"(mere Christian)。在牛津大学任教的爱尔兰人 C. S. 路易斯，也逐渐对宗派主义产生厌恶感，他声称自己是"丘陵上的人，不会太高也不至于太矮"，并且主张**纯粹的基督教**(Mere Christianity)。我自己也不被某些"福音派"视为信仰纯正，因为我曾力劝福音派邀请路易斯到他们的公众聚会演讲；但是，他从未曾受邀。不但如此，我还跟来自阿索斯(Athos)的修士，当时英国的东正教领袖泽诺夫(Nicholas Zernov)同住过七年。有人给泽诺夫取绰号叫"展品 A"，而叫我"展品 B"。如今，维真学院教师超宗派的特质，与我的背景不无关系。我仍以做一名纯粹的基督徒为满足。

那么，有件事我们都当扪心自问：我们究竟从宗派历史以及参与在其中的叙事中，承续了多少教会的超现实主义？宗教生活累积了多重的迷信和神话，围绕在圣餐和教会年历之节期周围的，尽是强调宗教建筑、祭司袍、圣礼和仪式传统；这些都可能存在将基督变为一则神话的危险。

96

我们的教会生活包含了多少超现实的成分？要回答这个问题，诚如吾友欣德马什（Bruce Hindmarsh）所写，必须回到 1648 年的威斯特伐利亚和约（Peace of Westphalia）。[9] 此项条约之签订，不仅终结了欧洲大陆绵延三十年的激烈宗教战争，还粉碎了"基督教王国"的概念，自此分歧不断。或许我们能回溯到更早以前，到基督教王国的源起。根据记载，公元 325 年，君士坦丁大帝宣布基督教为罗马帝国的国教，就此开创了基督教王国。[10] 君士坦丁颠覆历任统治者的地方分权政策，决定基督教是他达成政治计划的理想选择。毕竟，一个普世的帝国，配上一位普世的上帝，再完美不过！君士坦丁在四十岁时，从一个残酷无情的异教徒"归信"，但是他所信仰的基督教的真正本质，历来颇有争议。他所留下的专制传统，为罗马教皇制所承袭，后来则由东方教会的沙皇政治接手。教会论自此混乱不清。

我从教会的见证学到，在混乱的教会历史中，唯独复活的基督能提供基督徒个人的真实性。这样一来，或许基督教王国的终结反而突显了这位永活基督的实在。诚如马格里奇所言："基督早已说过他的国不属这世界，因此，在基督教王国还未开始之前，基督就亲自予以废止了……基督教王国始于君士坦丁大帝，基督信仰始于道成肉身。"[11] 唯有后者能给予基督教的未来盼望。不过，基督的当代性还需由其历史性来平衡及支持。在本丢·彼拉多管辖下的巴勒斯坦，基督生活过、受死过，且复活了。关乎他生命的事件

97

确实发生过,正如他现在真的能与我们同在一样。他不是一个"普遍的观念",不是某种诺斯替主义的原则。成为基督的门徒意味着单单跟随基督,不跟随其他任何人。他使我们真实,是没有任何人能做到的。

马格里奇常向我提及,布莱克(William Blake)的某种区分令他印象深刻。我们用眼睛观看的时候,是将我们内在所有的幻想与欲望投射到外在世界,换言之,就是我们一切的成见与误解。但是,基督看透我们,他深知我们内心深处的想法。所以,有基督与我们同在,我们就能够穿透肉眼所见,看见一切被文化扭曲的事物。晚年信主的马格里奇如此断言:"基督的实在就是基督。基督的实在在于透过他能将幻想与真实区分清楚……幻想来自用肉眼看,来自反映在你眼中的外在事物。唯有穿透肉眼所见,才能目睹真实。靠着基督,我们不凭眼见,而是看穿肉眼所见。"[12]

论到基督教王国的终结,并不是说我们否认它在地上的荣耀,尤其在我们亲眼观赏过罗马或佛罗伦萨的美术馆之后。其绘画、雕刻、音乐与文学,构成了西方文明。但是,今天环绕在我们周围的不是巴洛克艺术,而是官僚体制,那是现代的超现实主义形式。自从二次大战后,官僚体制大大扩展,福音机构也相继扩大——资本主义走进宗教。麦当劳成了宗教式消费主义的原型:我们看到大型教会在贩卖各种新活动项目,寻求扩及世界各地的连锁事业,并列举各种数字来证明我们的成功。

克尔凯郭尔对基督教王国的评论

1855 年,在人生的最后年日,克尔凯郭尔写下《抨击基督教王国》(*Attack upon Christendom*),此书帮助我们看透在基督教王国中教会的不真实。克尔凯郭尔的所有著作其实都在寻求真实,他相信绝大多数人都以习惯性、填鸭式的基督教生活作为掩饰,好回避真实。[13] 克尔凯郭尔从小在日德兰半岛(Jutland)的平原长大,他想象自己孤独的生命像是一棵冷杉,耸立在扁平的文化地景上。丹麦资产阶级文化并没有活在圣经十诫之下,而是活在"杨特法则"(the law of Jante)之下——意即"你不可与众不同"。克尔凯郭尔对体制化宗教的控诉空前绝后,没有人比他批判得更深。我们在其著作《日记》(*Journals*)中发现,克尔凯郭尔开始试问人如何在伪基督教秩序(pseudo-Christian order)中作真实的基督徒;一个人是否有必要离开既定秩序的安全保障,"方能在十二万公尺的深渊前,以绝对的信心将自己交托给上帝?"[14]

生命所能表达的,永远超过理论所能了解的。克尔凯郭尔认为,黑格尔派丹麦教会大主教明斯特(Bishop Mynster)只会传讲"搁浅在错觉中的基督教"。[15] 结果导致"人们以不许可、不合法的方式去了解关于基督的知识,其实唯一许可的方式是相信基督"。[16] 了解关于基督的知识让自然的心智纯粹作为学习者在恩典之外运作。这就是克尔凯郭尔在基督教王国所见的，血气之人想做什么就做什么，世界和教会没有分别，人人都声称自己活在一个"基督教王国"。

另外，克尔凯郭尔还看见：两千年来的教会历史，使得信徒与福音的距离愈来愈远。然而，基督总是"不折不扣的当代人"（the absolute contemporary），尽管两千年过去，他仍日日与我们同在。[17] 若是我们对罪保持警觉，并时时意识到恩典的力量，就能经历到时常与他同在的真实。如果人只向耶稣投以仰慕，就会与他保持不真实的距离；但是，当我们个人天天顺服他、与他同行，就意味着直接的关系。信心因此更加鲜活，但我们也会因而受苦。[18] 如此一来，我们将因背起十字架而冒犯别人（太 15：1—12）。这种冒犯和基督的独一无二有关，于是我们谦卑地拥抱他。那些描绘现实的人皆须具备谦逊的品格，并预备因弃绝世界的方式而受苦。[19] 然而，由于我们仅有一生；所以，只要我们在基督里好好地活出生命，就是在与永恒连结了。[20]

克尔凯郭尔为我们所谓"类基督教王国的体制化超现实主义"开的处方，就是成为认真的基督徒。他在《焦虑的概念》一书中阐述这个观念，将认真的基督徒与在上帝面前的自我认识相互接连。的确，唯当我们谦卑地面对自己生命中的罪，并活在永恒者的光中，才有可能成为真实的基督徒。若没有对罪和恩典真正的觉察，我们的人生注定会不真实。除此之外，我们性格的所有元素都必须参与进来，如此信仰才能不仅处理属灵之事，也能处理我们的情感、认知和内涵，这些都与我们个人活出福音密不可分。于是，短暂与永恒就结合在独一无二的个体之中，带来一个新的存在状态。

今天，人们往往会从宗教社会学角度谈"基督教王国的终结"；尤其对西欧国家而言，这种消亡显然是以数字和社会层面为根据。但是，就社会解释来看，即使是基督徒作者所做的，仍只能说明却无法深入探究我们需要做出哪些改革。这就是我们仍然需要阅读克尔凯郭尔著作的原因。

以自我为焦点的创意绝非纯真

自从 1959 年，我在牛津的阿须摩林博物馆（Ashmolean Museum）首次聆听一场关于克尔凯郭尔的公开演讲后，我就尝试进行这类的省思，迄今已五十余年。但是，过了七十岁以后，我也开始读 1983 年诺贝尔文学奖得主威廉·戈尔丁的小说。戈尔丁深深着迷于一切人为努力背后潜在的罪恶，他在某次接受访问时说道："人是堕落的存在……被原罪攫住；他们生产罪，好似蜜蜂生产蜂蜜一般。"[21] 戈尔丁活在多重张力之下，其中之一来自父亲，他是一位科学教师，犹如"全知的化身"。他希望儿子能在科学界出人头地，"一阶一阶地爬上阶梯，秦斯爵士（Sir James Jeans）和爱因斯坦教授在顶端……等着我签到。"不过,年轻的戈尔丁没有达到科学的顶峰,而是爬到花园的树上,以扶疏枝叶为藏身处,偷听树下的情话绵绵,挖掘人性的奥秘。后来,他在任职海军上尉时经历到战争无情的暴力,从此深信,将信心放在科学的人文主义上是荒唐可笑的。戈尔丁认为道德愿景的缺乏乃是因为丧失了想象力,并且没有察觉意志的邪恶潜力。他也主张,倘若我们忽略"分析"与"奥秘"之间的关键张力(如同透过脉搏就知道还活着),那么我们就最容易被自己的创造力给蒙骗。

大多数学童都读过《蝇王》(Lord of the Flies)。许多孩子都被这本道德寓言作品吓得不敢继续读下去。小说里所有的青少年都患了"身为人的恶疾",他们发现,最危险的敌人就潜伏在自己里面。正如该隐因妒火中烧而杀害自己的弟弟,吉拉尔据此指出,人类文化的起源其实是嫉妒。[22] 有意思的是,建立城市并且积极地发明与创造的,正是该隐和他的后代(创 4:17—24)。戈尔丁晚期的小说之一《教堂尖塔》(The Spire,1966)也进一步探讨了这一主题:当人类雄心勃勃地以"上帝的荣耀"为名建立事业,却不需要圣灵,会造成什么样的结果?

戈尔丁写作这本小说时住在塞尔兹伯利(Salisbury),隔窗可远眺圣马利亚大教堂(St. Mary's Cathedral)。那是英格兰最高的尖塔,高高耸立,可以俯瞰古老城镇的众屋顶。不过,小说人物乔斯林(Jocelin),这位中世纪教堂主教

101

却认为,一座尖塔不够,他还要兴建另一座尖塔。小说情节围绕这第二座尖塔展开。建筑师梅森知道所选地址很糟糕,因为该处原是沼泽地,这是中世纪常见的事。大教堂尚未倒塌已属幸运,还要盖两座尖塔！梅森警告:"疯子才会这么干!"

但是,主教做这件事完全是为了自我崇拜,而不是为了上帝:"我想我是蒙拣选的属灵人,爱心超过众人之上,也被赋予特殊的任务。谁晓得,债务、废弃的教会、纷争不和等等事情随之而来,远比你所以为的还要多。因为我真的不认识我自己。保留,纵容。此乃首要之务。"[23] 起初意图是要提升敬拜的殿堂以荣耀上帝,结果却变成一个空洞的废墟,制造出流言蜚语、背后中伤和丑闻,甚至毁灭生命。讽刺的地方在于,尖塔虽未倒塌,但是就像巴别塔的故事一样,其他一切俱皆崩坏。乔斯林濒死时哀叹:"我以为我在做一桩伟大的工作;而我所做的,却是带来毁灭,并且滋生憎恨。"[24]

我在 1978 年读《教堂尖塔》时,正值某个基督教机构内部权力斗争的高峰,此事彻底改变了我对基督教事工的看法。做主的事工不能孤军奋战,也不能出于错误的动机,更不用说仅是为了自保。大卫的话语在我每一次的呼吸中悸动:"上帝啊,求你为我造清洁的心,使我里面重新有正直的灵。……不要从我收回你的圣灵。"(诗 51:10—11)唯有清洁的心,才能看清真实。无论你我感到多么不平,拥有上帝的灵远比自我伸冤更宝贵,因为自我伸冤是幻想,并非真实。我可不想走上乔斯林的道路,像他那样呼喊:"假如大卫是因为沾血的手而不能盖圣殿,那我们,我又是因为什么呢?"可能你早已晓得有些"基督徒领袖"为了待在高位而背后捅人一刀。假如祷告纯粹变成自我的意志,欺哄自己说一切都是为了上帝的荣耀,那还叫祷告吗?

乔斯林悲哀的一生将要结束时,十分绝望。他问试图安慰他的亚当神父说:"信心是什么东西?你想看我的信心吗?它躺在那个旧衣柜里面,就在左边角落中一本小小的日志里。"[25] 尖塔象征主教对自己的信心,结果导致他对上帝不确定的信心土崩瓦解。那座尖塔一度被视为敬虔的举动,如今却成了固执生命和贪欲之心的纪念碑。尖塔的设计表达出主教神经质的自私欲望,而挖掘高塔地基便是进入他自己罪恶生命的地牢。一开始的时候,他出于骄傲而很少祷告,最后他根本不能祷告了;此时的他仍自欺,以为自己是上帝的仆人,为了逃避现实而进入梦幻的世界,也就是他称之为"非国家"(uncountry)的地方,在那里"只有赞成,没有罪恶"。[26] 这时候,人人都将主教的建筑计划称为"乔斯林的大梦"(Jocelin's Folly,folly 的法文 folie 意指"喜乐"或"最喜欢的住所"),意为那是"他骄傲的居所"。

读了《教堂尖塔》以后,我就对兴建高塔心存恐惧,因为高塔通常会成为埋葬我们自己枯骨的陵墓。相较之下,火葬好多了,可将一个舍己生命事工的影响撒到千万人心中;

而唯有复活的主能使"枯骨复生",一如以西结在异象中所见(结37:3)。

但是,世人无法了解这种超现实主义。世人把乔斯林看作希腊悲剧中的英雄人物,或是其他人错误的代罪羔羊。因为根据亚里士多德的解释,悲剧的情节聚焦在一个错误的判断、走错的一步、因与果,以及在错误的时间站在错误的地方。希腊文的悲剧(*harmatia*)一词并未意指道德上的错误,因此,当我们抱着悲剧英雄的情怀而活,就是靠着超现实主义而活。另一位写作道德寓言的小说家索尔·贝娄批判这种当代的"浪漫的绝望"(romantic despair),是"无休无止地意识到荒谬……是荒谬地自命不凡,而非形而上的'荒谬'"。[27]贝娄的意思是,表现出"浪漫"和"英雄气概"都是不真实的,因此从人的角度看来是"荒谬的";至于"形而上的荒谬",则是世人对宗教的看法。

如此说来,问题在于我们是在谁的面前称为义:是我们自己、他人,还是上帝?骄傲必在堕落以先,觉察此事实就是基督教的现实主义。乔斯林骄傲而且不祷告,当他发现自己缺乏自知之明,并且发现"没有清白的事工"的现实时,为时已晚。[28]我们何时以自我沉迷取代了上帝的真实,何时就会在可怕的陷阱中跌倒或堕落,如同伊甸园的故事一般。基督教事工太大,我无法将之当作"我的事工"而独揽。我每次读《教堂尖塔》(我已重读了好几遍),都要再次感谢它所描绘的恐怖景象:如同该隐所知道的那样,罪恶蹲伏在门口,在我们最理想主义的计划前。假如我们太过固执、紧抓不放这些计划,我们将会陷在这网罗中。将上帝的工作等同于我们自己自恋的梦想,必然招致最终的幻灭。

科技无疑带给人类历史上最复杂,也最令人惊叹的创造。显然,科技发展需要独创性、合作与献身是显而易见的,它们极其重要;一些必要的革新也是这样,必须从根本改变,并要付出个人的代价。这些事需要机智、具体、自愿地去做,并且离不开宏大的异象。有什么比十字架上的基督,那位"成了贫穷,叫你们因他的贫穷,可以成为富足"(林后8:9)的神-人,更能激励我们,又给我们力量呢?基督教事工和机构都以基督的名义行事,却失去信仰的焦点,精神和动机都变得世俗化,没有什么比这更可悲了! 而当教会官僚体制成了福音的绊脚石,那一定是叛教行为!

第 4 章
迈向成为一个人的旅程

你已领我走出我的捆绑，释放我自由，借着你大能的道路和仁爱的手段，那些出自你的能力及宽容。

——但丁，《神曲》

我们原是他的工作，在基督耶稣里造成的，为要叫我们行善，就是上帝所预备叫我们活出的生活方式。

——《以弗所书》2：10

❋＊❋

与其哀叹世俗的势力掌管了我们的社会，不如好好反省基督教信仰何以在社会中失去了可信度。社会学家威尔逊(Bryan Wilson)将世俗化定义为"宗教思想、实践与机构失去社会影响力的过程"。[1] 这段话暗指,假使基督教重新取得社会影响力,就能去世俗化(desecularization)。后现代社会盛行自我打造身份,在这样的社会中,带给人无私的爱、慈悲的关怀和平安喜乐,会成为福音的媒介。

穿透超现实所需要的不只是神志清醒。要穿透浓雾,当然需要光和真理;不过,我们也需要在福音里的平静、安稳、确据和喜悦。我们的脸上要散发主的喜乐。基督徒的喜乐,如我有幸经历的,好比星辰散发着宁静之光,又如基督自己的平安。充满喜悦的平静一再显现,好像在我们打不开的一扇窗外有天使在看着我们,召唤我们将目光移到自己的小世界以外。乔瓦尼·贝利尼(Giovanni Bellini)陈列于伦敦国家艺廊的作品《客西马尼园中的痛苦》(The Agony in the Garden),清楚地呈现了这种喜悦。这幅画象征在黑暗的世界中,仍有上帝恩典的光照耀。

如前所述,基督徒的生命是辩证式的;肯定事情"是这样,但也是那样",能帮助我们避免将受造之事物绝对化。相反,"这就是全部"的心态,则反映当今后现代文化所嫌恶的意识形态偶像化。然而,由于罪的缘故,我们也需要属血气之人与属灵人之间的逆向辩证(参附录)。这两种状态之间虽有延续性,却也有很深的断裂性;有相似性,却更有强烈的对比。逆向辩证的过程需要有"否定":罪必须被限制,甚至被拒斥,因为在上帝对万物的计划中没有罪的位置。我们即将看见,但丁和约翰·班扬著作中的天路客主题,帮助我认识这种逆向辩证;他们的著作表明,我们犯罪悖逆的本性,会让自己与上帝的关系发生错误。我们天生孤立的个人主义倾向,与上帝的用意形成强烈对比,因为他要以群体的形式救赎我们,使我们成为在基督里的人。

追寻位格性

我一直认为,现代生活最糟糕的地方,就是不能维持位格性(the personal)。说真的,难道这不是我们现今文化危机的核心吗?假如我们试图创造的群体,竟是由自我中心的个体所组成,那我们所做的努力都是失败的。基督徒的新身份是"在基督里的人",随着这种意识的日益加强,我们首要的关切是位格性地表达我们的信仰。多年前,玛丽·洛克菲勒(Mary Rockefeller)担任女青年会(YWCA)会长时私下告诉我,她决心要把 C(基督教)带回到机构中。我们能否存同样的心志,更多聚焦在"C"上,致力于成为"在基督里的人"(PICs, persons in Christ)?

106

理想情况下,位格性的焦点应该是家庭生活,但对许多人而言,事情没那么简单。我们儿时在家私下被对待的方式,会成为日后公开对待他人的方式,而在这两个阶段当中,有一些个人的鸿沟需要跨越。不过,我们的公共教育可以是个快乐的介入。对我而言,在牛津大学接受古典教育(Paideia),才算是公共教育的开始。课堂讲授不很重要,重要的是导师制度,学生——而非课程科目本身——被赋予优先地位。我在不同的学院授课,其中一个学院的院长布乐克(Alan Bullock)曾经明确地告诉我,不成熟的老师才会将学科视为最重要。相反,从所教学科的角度看重学生的个人成长,这才是学术上成熟的标志。我曾目睹几位导师为了向学生倾囊相授,而放弃自己发表著作的野心。他们的无私使我折服,激发我日后去培育一种仁爱的(而不只是批判的)学术。这并不意味着在学术训练上松懈,而是晓得教学只是手段,是为了更高的目的——育人。

我担任导师六十多年以来,对谈过的学生可以说数以千计。他们跟我分享个人的生命经验,我的生命因此变得更丰盛。我从他们身上领悟到:我们应该欢迎学生来敲办公室的门,不要视之为打扰,而应视之为向人生及其不同关系和经验学习的新机会。跳出自我经验必能活得更加宽广,此一看法因一些个人的悲剧而更显强化。我终生为两位自杀的年轻人哀痛,也为孤独的哲学老师福斯特(Michael Foster)自我了断而感叹。我以为我很了解他们,唉,但是其实并不够了解。自此以后,我学习以怜悯之心真诚看待与密友关系中的伤痕。我们给予别人的理解、赏识、善意、同理心和鼓励永远不够。独特性是上帝所赐的美好礼物,但若没有上帝,它就会成为一大咒诅。我们心中若没有上帝的慈爱,又有谁能了解他人的独特性?

近二十多年来,人们普遍意识到三位一体教义在神学

107

上的重要性,会将人和上帝的"位格"(persons)做类比。人
是关系性的存在,这赋予了人类学神学上的基础。但是,我
已经学会对学术界所流行的思想存疑,因为即使是为了正
确的选择,也可能产生错误的动机。当某些学者以满腔热
忱论述如何成为在基督里的人,然后与配偶离婚,我就不禁
要想,是否三位一体教义也只是变成另一个学术主题而已。
人们越来越多地将希腊文术语"互居相融"(perichoresis)
应用于三位一体的上帝,每个位格与其他位格相互内住,然
后又将同样的概念应用于基督徒生活,也就是圣灵住在我
们里面,而我们住在基督里。但是,大马士革的约翰(John
of Damascus)提醒,"互居相融"本是用在人身上的,然后被
某些初代教父应用在三位一体教义中;因此,现在我们必须
提醒自己,谈到"人和上帝的位格"时,切勿以为人格可与神
格相提并论。上帝永远拥有他者的特质。他是圣洁、全然
的他者。巴特也警告在谈论上帝的位格时,不要将上帝的
位格与人格混同。齐齐乌拉斯(John Zizioulas)*认为,位格
带有教会的意涵,教会唯借洗礼仪式,才能将位格赋予教会
肢体;西方基督徒对此或许不以为然。另外,或许他把一个
较为现代的(而非初代教父的)位格观,归在尼撒的格列高
利(Gregory of Nyssa)身上。[2] 我们若以为当代意识和从前
一模一样,那可就错了。人类的意识不是一如既往,而是会

---

* 东正教神学家。——译者注

随着时间改变,就如我们的环境也会改变。

　　我在很小的时候就把心交给了主,十二岁那年我主动要求受洗。不过一直到二十多岁,我才有意选择去全心追寻我在基督里的身份认同。那时,《提摩太后书》1:12对我变得特别有意义:"为这缘故,我也受这些苦难。然而我不以为耻;因为知道我所信的是谁,也深信他能保全我所交付他的,直到那日。"我先前以为,这节经文的意思是我已将死后的灵魂交托给基督;现在我对它有了重新的诠释,就是将我日复一日的身份交付给他。于是,我能深刻体会因着被基督寻回而得的喜乐及平安,如同保罗所说的(腓3:8—9)。

　　由于现今文化的影响,我们远比以往更将身份攥在自己手中。正因如此,我们也更深切地感受到这个身份其实不堪一击。或许这就是我们变得非常自恋,并驱策自我追求专业成就的原因。相形之下,使徒保罗以认识基督为至宝,深愿在他里面被寻回,而"不是有我自己的义",他甚至视自己的宗教抱负如粪土。我发现今天许多年轻的基督徒听到的是双重信息:做基督徒非常好,但是专业身份更是要紧。不对!一个真正基督徒的存在,意味着我们是被基督完全掌管,拥有全新的身份,并且这身份是以我们与他的会遇来界定的。因此,保罗在《加拉太书》2:20说的那句话成了我的关键经文:"现在活着的不再是我,乃是基督在我里面活着。"我自己仍然活着,唉,而且常常是基督在我里面的阻碍。但是,一个自我的新孔隙正在产生,尽管过程往往是痛苦而缓慢的,却是确实的。这使我更加确信,倘若我这一生为上帝完成了任何事,必定不是我做的,而是住在我里面基督的灵做的。

二十世纪六十年代后期,我应邀为一本文集《我为何仍是个基督徒》(*Why I Am Still a Christian*)撰文。此书乃为回应罗素(Bertrand Russell)《我为什么不是基督徒》(*Why I Am Not a Christian*)而作。编者请我们从学者的立场写如何整合信仰与专业。我的文章题目是"以上帝为中心的人格"(A God-Centered Personality),文中很少提到我的专业,因为我的核心要点在于强调做一个在基督里的人。那时我发现(迄今依然),"基督教信仰的真实性和意义,在于其位格性的力量,及其关乎位格关系和目标之洞见与真理。"[3]

位格主义哲学家的挑战

如果你以为我在本章写的不过是灵修性的"软"信息,那我可要断然反驳:活出一个人的样子,其实是需要一番认真思考的! 波兰尼(Michael Polanyi)是我在牛津早期的邻居,他的著作《位格性知识》(*Personal Knowledge*)于1959年一出版,我就找来读。他若是继续埋首于化学研究,有望获得诺贝尔奖;但他选择做一个科学哲学家,对抗当代马克思主义的错误诠释。这是捍卫真理的无私之举,因为他体认到科学家要撇开意识形态,全心全人投入他们的研究主体。因为没有所谓非位格性的科学知识。

　　大约同一时间,我母校爱丁堡大学的一位苏格兰哲学家麦克默里(John Macmurray)也在思考关于位格性(the personal)的议题。他认为人的核心并非如笛卡尔所假设的那样是思想,而是行动。我们是什么样的人,只能借我们与他人的积极关系来断定;所以,我们的注意力不应放在思想者这个个体的身份上,而应放在塑造个人的活跃母体环境(the active matrix)上。与其说自我在理论上被认为是主体(subject),不如说自我被有意评估为能动者(agent)。正如麦克默里所言:"孤立而纯粹的个体自我,仅存在于幻想之中。"[4]

110 当然,这个观点近似《约翰福音》的宣告:圣父和圣子从亘古就借着圣灵的作为一同存在了。诚如耶稣在《马太福音》11:27所说:"一切所有的,都是我父交付我的。除了父,没有人知道子;除了子和子所愿意指示的,没有人知道父。"麦克默里虽从小成长于敬虔的弟兄会家庭,但对抽象的教条不再抱任何幻想。他的座右铭是:"一切有意义的知识都是为了行动,而一切有意义的行动都是为了友谊。"他的著作后来影响了英国首相布莱尔(Tony Blair),使他重新解释社会主义,认为应少些意识形态,多些位格性。[5]麦克默里在吉福德讲座(Gifford Lecture)的系列演讲于1957年出版,书名为《位格性的形式》(The Form of the Personal),分上下两册:《自我作为能动者》(The Self as Agent)和《关系

中的人》(*Persons in Relation*)。[6] 直到如今,我仍反复阅读
这套书。

波兰尼和麦克默里的哲学思想源自十九世纪初德国的
哈曼(Georg Hamann),还有克尔凯郭尔。哈曼是康德的朋
友,后来也成为克尔凯郭尔的朋友,并受到克尔凯郭尔的欣
赏。自二十世纪二十年代起,在他们之后出现了好些位格主
义哲学家(personalist philosophers),包括布伯(Martin
Buber)、穆尼埃(Emmanuel Mounier)和布龙纳(Karl
Brunner),他们除了对人格增加了新的看法,也对现代文化
因两次世界大战、纳粹屠杀犹太人、科学抽象化和马克思主
义的挑战愈趋增多所导致的"去位格化"(depersonalization)
作出回应。事实上,麦克默里有一段时间深深着迷于马克
思主义,就像二十世纪三十年代其他的理想主义者一样。

到了近期,列维纳斯(Emmanuel Levinas)提出,伦理是
对"他者"(法文 *l'autrui*)有无限的责任感,而且人与人之间
的关系确实具有根本重要性。这个观点使得社会科学界产
生许多新的看法,导致愈来愈多人认同个人主义会走向病
态,而关系性的人格则会带来健康。列维纳斯曾被关进俄
罗斯的古拉格集中营(gulag),他认为自己能存活下来,是
因为相信他是为了妻子而活,而非为了自己。"生命是为了
他者"成为他的伦理基础。他还另外总结说,认知上的练
习,并不能解释人与另一个人面对面互动的过程,语言和思
想根本不足以描述关系。

概括说来,所有这些思想家都否定启蒙时代的理性主义宇宙观。他们拒绝其三项基本假设:所有真正的问题都有答案,否则就是问题本身错了;所有关于人类生命的议题都是可认识的;还有,所有知识的形式皆能彼此兼容。因此,这些思想家皆批判理智主义(intellectualism)。[7]

非位格宇宙中的科技社会

但是,理智主义不仅是科技的产物,也是科技的起因。韦伯(Max Weber)早就指出,一个由科学、技术和官僚体制支配的社会,会大大导致"世界的祛魅"。一旦奥秘感消失,且人类生活失去位格的层面,就会产生这种状况。卡勒尔(Erich Kahler)认为,科技带来的疏离和去位格化,会强化人为的伪情绪敏感度,而产生"冷漠意识"(cold consciousness)。[8] 麻木的我们无感于他人的困苦,甘愿鼓吹政治行动,甚至支持慈善机构,却从不在个人层面投入。媒体筛选了我们的道德价值,以致我们不仅道德意识低落,还感到无力、无意义,甚至愚笨。我们内在和外在的自我都变得膨胀,以致破碎、疏离、缺乏认同、无人注意,且孤单寂寞。

精神病学家范丹伯(J. H. van den Berg)主张,精神病学领域的核心就是处理孤独。[9] 孤独是关系含糊不清的结果,而含糊的关系是科技社会中无意义感和无力感的双重威胁所催生出来的。[10] 因为追逐力量(即科技的目的)并不能提供有意义的关系,但是科技的无所不在,却也制造出力量的假象。随着力量的假象增强,合法性和共享的意义就退化到表层。力量与意义之间的冲突,加上其所导致的孤独与疏离,导致其他文化上的混乱:恐惧、暴力、失去自我。社会官能症(sociosis)会孕育神经官能症(neurosis),换言之,社会性的疾病会变成个人的疾病。于是,正如黎士曼(David Riesman)对这个科技社会的形容,我们都是"寂寞的群众"(the lonely crowd)之中的一员。[11] 神经质和正常人之间的模糊界线不仅持续削弱人格的价值,也削弱我们维持可信赖关系的能力。

如前一章所见,令人遗憾的是,基督徒集体和个体的生命,与工业化社会的其他人没有什么不同。科技已渗透到我们的教会生活中,连教会的成员都有很强烈的孤独感。虽然在世俗化社会中,疏离看似无可避免,但是教会生活的可信度也因而大幅降低。所以,愈来愈多基督徒反映:"我不再去教会了,因为我想要真实面对信仰,也想真实地培养关系。"

讽刺的是,企业界反而正在尽力改造组织文化的性质,从非位格性转变成有机的、位格性的、智慧的。企业变得愈来愈重视顾客的需求,服务更人性化,组织也更有弹性,容许较基层的员工发挥主动性。缺乏怜悯心、同理心和情商,会被谴责是"制度之毒"。因为有毒的气氛,好比嫉妒、竞争、恐惧、不信任和孤独，会使劳动力无法被充分运用。[12] 不过，这个促进关系的尝试依然是一种实务方案，并不能处理人类最基本的问题。

　　有位组织行为专家在被诊断出罹患危险的黑色素瘤时，领悟到这一点。突然之间，他好感谢这个有怜悯心和同理心的世界。[13] 当他拿护士对待他的方式与他的企业环境相比，他开始看见哪里出了错。他也注意到，当 2001 年 9 月 11 日，那些在要坠毁的班机上被恐怖分子胁持的乘客，并没有用手机处理公司的事情，而是打给他们所爱的人，简单说声："我爱你。"面对死亡的时候，别的事情都不重要了。所以讽刺的是，组织专家正在提倡更人性化的关系，因为这是一件务实的事情，但组织化的宗教却未跟上脚步，因为它的领袖们缺少利润导向的动机！

　　纵使在专业世界付出了这些努力，位格性生活（personal life）的不足仍是今日大多数人的痛苦。为了在这个"我与它"的科技世界中获得成功，我们正在付出高昂的代价。我们并不需要付上这个代价——只要我们看重人过于事物，甚至过于制度，必能有力对抗社会官能症。内人与我有幸在我们每个孩子的事业上见证这点，他们的人格特质带给别人和他们自己许多实际的祝福。但是，本着位格至上的信念而活，会遇到一个极大的拦阻：我们看重专业身份甚于友谊，事业往往比品格优先。当整个社会都相信专业主义至上，夫妻都认为事业不能受到影响，否则人生就没有意义,那么家庭生活就会遭受重创。

分散的本质是科技另一项负面的特性,它使我们觉得无家可归,漫无焦点。无家和漫无焦点是两个相连的观念,因为"焦点"(英文 focus,拉丁文 *fogur*)指的是壁炉,那是家庭传统的中心。在罗马社会中,婚姻的结合是在炉边接受认可的,而有时逝者会被葬在壁炉下方。传统上,炉边是全家一起工作、度过闲暇的地方。其次,家是安全、意义、庇护和庆祝的焦点。[14] 家庭赋予每位成员日常的工作,由此形成一个相互扶持的人际关系网络。后来,中世纪生活以大教堂为中心,而教堂里的大祭坛——属灵的壁炉——则是中心焦点,正如圣餐就是基督信仰的焦点。如此一来,有焦点的生命意味着个人价值观的评估、选择,以及与每日生活的整合,以至于这些价值观化为品格的习惯。

这一切正从科技世界里逐渐消失。事实上,没有了焦点,我们制造的科技将如脱缰野马。科技所带来的流动性以令人惊叹的方式征服了空间,于是我们乘坐飞机环游世界,又得以使用手机和电子邮件享受前所未有的谈话机会;但是,我们的家庭却被干扰了,家族生活和小社群也遭受到破坏。今天,我们的家愈来愈反映出我们在家之外所获得的财富,我们的温暖也不再来自壁炉,而是来自供应整座城市的大发电厂。[15]

科技也使人摸不着人际关系里的规模和比例。我记得很清楚,1972 年在达拉斯的一场大型聚会上,有位知名的基督徒领袖对着麦克风,向数以千计易受影响的年轻人高喊:"我爱你们大家!""你在说谎!"我发现自己低声咕哝:"你如何能真的爱每一个人?"我们被吩咐要爱邻舍如同自己,但我们的邻舍是以我们个人有限的空间与时间的规模来定义的。唯独上帝能无限地爱全世界。诚如之前所提的,尽管科技确实延伸了我们的力量,但我们也倾向于制造海市蜃楼般的超现实效果。

在更深的层面上,科技也扼制了人的身份,因为科技是进化的(evolutionary),不是历史的(historical)。这部分是科学发现不断进步的结果,也让拥护马克思主义及其不同版本的人假定,人会随着科技而进步。此一"有机"模式缺乏历史意识,因此欠缺位格意识。或许这可用来说明为何人类反过来重新发现想要表达自己叙事的热情——因为他们不想迷失在无位格的进化群众之中。

上帝是位格的源头

因为孤独是科技社会的关键要素,所以我们必须记得,基督信仰的一个中心要素,就是与上帝的深入关系。即使我们与其他人的关系模模糊糊,我们仍能与恩典的三一上帝建立清楚而确定的关系。假如我们接受列维纳斯的基本观点,认为伦理就是活在他人的面前,那么我们就再也无法接受笛卡尔主义的信条"我思故我在"了。相反,我们要向上帝说："我在这里,请与我相连。"这其实很接近小撒母耳,以及旧约所有先知,还有往大马士革路上的大数人扫罗的经验。因为如前所述,人类生命不能简化为理解,而是需要位格性的相遇和关系,才能成长。

霍奇森(Leonard Hodgson)是钦定神学教授,也是我在牛津大学的同事。在当代对三位一体教义产生兴趣许多年之前,我就拜读了他关于三位一体教义的先锋之作。[16] 我在哈特福学院(Hertford College)任教时,根顿(Colin Gunton)是该学院的学生,在重新点燃对三位一体教义的兴趣上,他丝毫不比任何当代神学家逊色,而他也对我影响颇大。[17]

另一本书也对我影响颇大,那就是当代希腊神学家齐齐乌拉斯的著作《存有就是相交》(Being as Communion)。[18] 齐齐乌拉斯彻底地将"位格"(the person)在本质上视为神学的实体,并且反映出那位施恩将他的样式分享给我们的三一上帝本身。根据齐齐乌拉斯的说法,三一上帝的每一116个独特位格,在共融团契的实在中,"透过"并"在"其他位格中实现他自己。此乃肯定保罗的祷告:"因此,我在父面前屈膝,(天上地上的各家都是从他得名),求他……使基督因你们的信,住在你们心里,叫你们的爱心有根有基"(弗 3:14—17)。尽管这段祈祷很崇高,然而神学研究也可能很抽象,即使所研究的内容涉及人的关系。因此,一个人可能是神学专家,与人的关系却很糟,原因或许是其研究动机往往肤浅地停留在批判,缺乏牧者心肠。

科技社会的另一特质是缺乏热情。热情使我们超越自己,其实就是超越我们锱铢必较的算计、我们的合理化、我们继续待在有限之内的困境。我们没有超越的热情,却有满心的嫉妒,嫉妒别人拥有我们渴望的东西。通常这种精神是种模仿,它不只是从我们自己产生,也由彼此模仿而来。对情绪被动的默许驱使了我们,这是一种表现出缺乏自我决断的原始状态。当代文化的流行音乐也反映了这种状态:自我陷溺在难以名状的情绪中。然而,当意志得着释放,并能清楚表达及做出决定,人就会愈来愈展现出更有创意、更少被动的状态,也会愿意去冒险及承担风险。美学的热情略高一级,它从物质的热情晋升到一种美感,一个高于自我的领域;而比美学的热情更高的是道德的热情,就是对他人有同理心,并且真心渴望在团契中建立关系。

　　但是,最高的层次则是基督徒喜乐的热情,这需要一个在我们以外的身份。正如赫伯特所言,那是作一个"朝圣中的灵魂",时时在祷告中与上帝相交。这种救赎性的热情表明与上帝关系亲密,如饥似渴地切慕他。如此对上帝的热爱会导致某种痛苦,因为我们乃是在有限中追求无限。所以,基督徒的热情并非瞬间的狂喜,不是远离不幸,不只是感官层面的,也不是在此时此地获得满足。相反,基督徒的热情会提升灵魂,超越世上的一切诱惑,如清教徒所言"思念天上的事"(heavenly-mindedness)。巴克斯特形容这种状态为"圣徒永恒的安息",路易斯也在太空小说《漫游金

117

星》中将之命名为"皮尔兰德拉"(Perelandra)经历。

但丁——位格之旅的向导

这样的基督徒热情看人生是宽广的,就如托尔金在《魔戒》(*The Lord of the Rings*)中所描写的,或他的朋友路易斯在《开往天堂的巴士》(*The Great Divorce*)中所形容的。这两位作家都在一幅宽大的画布上描绘同一件事:世上各式各样的居住者,无一不在追寻真正的位格性(personhood)。他们的写作源头,尤其对路易斯而言,就是但丁的《神曲》,因为其深刻描绘了这找寻真位格的旅程。[19] 不过,我们可能会问,为什么要用一个不存在的幻想之地,并借其中的寓言和人物塑造来描述这趟旅程呢? 我认为使用这种写作方式,是为了加强人类经验的辩证张力,因为要延伸到物质世界之外,才有可能发展出真正的人格。但是,成长之路却不是一条直达的路,而是迂回曲折的,与世界之路相反。属灵的成长(spiritual progress)其实是物质上的倒退(material regress),而升高是由降卑而来。基督的赐福显在我们的伤痕中,软弱成为我们力量的源头。于是,从世界的角度而言,基督徒的成长令人不快,因为它彻底颠覆了世人对成功的理解。基督徒在世上常常要面临这样的诱惑:瓦解和消灭这种辩证张力,将十字架令人讨厌的地方拿掉,视基督徒生活为浅薄的积极、一帆风顺。

然而,我们混乱的生活可能比小说还要怪诞。我们的科技世界已然全球化并带来了宇宙性的后果,就像但丁笔下的世界那样。但丁认为地狱的意思是上帝要人面对因着败坏的欲望而失去所有关系的后果。炼狱的涤净是必要的,它能预备我们面对正确的关系;而天堂是"清心的人必得见上帝",一种位格存在的圆满状态。但丁没有一句论及系统神学,他的作品讲的是关系误用所导致的道德后果,而这是我们在日常周遭生活中都能见证的。因此,我们随时都能跟着他踏上旅程。

但丁拥有几位向导:维吉尔(理性)、贝雅特丽齐(爱)和圣伯尔纳(天堂之乐),并由三位使徒——彼得、雅各和约翰——加以证实。不过,在这几位背后还有第七位向导使徒保罗,他将真理与爱结合起来,透过整本圣经引导他的朝圣之旅。[20]《神曲》或许堪称最伟大的基督教诗作。但丁试图以三位一体为结构而创出"三韵体"(tercets),三行押韵,全诗共分三部,每部三十三篇。整部作品充满想象力、道德与理智,关乎美、善与真理;横跨过去、现在和未来;当然,它聚焦于圣父、圣子和圣灵。

全诗像是一集旅游见闻,记载时间约为公元 1300 年,从濯足节(Maundy Thursday,复活节前的星期四)到复活节后的星期三,共五天半;或许诗人也同时反映了自己前往罗马的朝圣之旅。当时正值人文主义的文艺复兴高峰,但丁除了从自我认识的生命经验中取材,也从与佛罗伦萨当代人物的互动当中取材,亦从广泛阅读中汲取灵感。《神曲》的标题暗示了结局是蒙福而喜乐的,意即诗人亲身经历从上帝而来的医治异象。

这部作品除了提供很棒的阅读经验,也体现了一种生命经历,能对抗科技社会的狭隘,甚至是传统基督教王国的狭隘。但丁好似在他以前的奥古斯丁一般,并不将思想或行动视为个人的核心,而是认为,人若要在敬虔和智慧上成长,就应将渴望视为至关重要。但丁不仅为我们,也替他自己发声,承认一旦人离了上帝,其渴望必然彻底沦丧。人类的渴望是永远填不满的,除非在上帝里面找到终点,否则我们将永远遭受折磨。[21]

诗中的但丁·阿利吉耶里年三十五岁,是伟大城市佛罗伦萨的市长,却在正值事业巅峰的时候被人诬告,以贪污腐败罪被判死刑。他为了保命,只好亡命天涯。他告诉我们:

> 人生的中途
> 我迷失在黑暗的森林里
> 因为我在正道中迷路了

但丁看见有一条路通往山上,却被三只猛兽挡住。一只狮子(象征自恋)、一只豹(象征自大),还有一只狼(象征贪欲和怒气)——这些猛兽能毁灭所有的人际关系。于是,在曾经造访地底世界的维吉尔的陪伴下，但丁被迫走进地穴入口。

地狱的前庭是"犹疑不决"。但丁在入口处发现，这是一个充满学究的城市。再向前看，通往地狱的漏斗分成三部分，分别是人类的三大错误来源：无穷的欲念、激情的暴力，以及欺诈的贪婪。地狱之路就是走向蔑视他人、丧失自我，拒绝面对自我的真相，以及误解自由而陷入迷恋与成瘾的奴役。地狱就是人不得不背负自己错误欲望的后果，而这些错误的欲望始于忿恨。至终对自我的爱转成了对自我的恨。地狱的深渊就是撒但，它被冰封在无力的欲望中；这位堕落天使曾经对自己怀抱无限的欲望，现在却无法再欲求什么！

但丁发现我们必须跟他一起"下地狱"，才能了解他(和我们)盲目、自欺和骄傲的后果。在地狱中，他遇见自己认识的整个佛罗伦萨社会的人，但他看见的却是那些人的错误欲望所导致的后果；在此之前，他从未如此清晰地看到这一点。他发现地狱就是人与人、人与事物(诸如性、权力、金钱、名声)的正确关系终于能被了解，却永远不能实践的地方。他在地狱中看见社会、教会及其所属文化的错误根源，也发现许多错误根源的代表人物——甚至包括教皇！我们不需要太多想象力，就能想见在地狱里可能遇见谁：逛街购物的群众、声誉卓著机构的决策管理者、股市投资人、球迷、我们在郊区的邻居，没错，甚至还有我们自己。其实，任何事物,如果它误导我们的渴望使我们远离上帝,以致我们未能也不能经历他的爱,也不能与他人分享,那就叫作地狱。在地狱里,上帝的慈爱是同时被拒绝又被渴求的,但所有与上帝的接触都已被拒绝。

但丁如何走出地狱?他发现自己一直往下走,自然而然以为走到地狱最深处了;此时,他发现他穿越地心,再次望见夜空星辰。或许这反映了在我课堂上的一位牧师的心声:"当你身在谷底,会发现基督是下面的磐石。"那时我们就能切身体会但丁所经历的如释重负!当你一头栽进无边的黑暗,直到触底的时候,你就能举目、聚焦,发现眼前充满了光明。

但丁抬头一望,发现自己站在炼狱的山岛上。岛上有七座山,所有的灵魂都因犯下七大宗罪——骄傲、嫉妒、愤怒、懒惰、贪婪、饕餮和色欲,而要面对后果。炼狱的意义是什么?就是沙漠教父所教导我们的:它是让我们"把假我吐出去",面对关系中的成瘾,并且"让它枯干而死"的地方。进入苦难的旷野,就是在寻找摆脱败坏而得着自由的大道,步骤有三:为罪痛悔、坦诚认罪、心满意足;这个过程我们称为悔改。

但丁发现他愈爬愈高,当爱被分享出去时,爱也愈来愈多,爱成了他继续登高的动力。但是懒惰,或是修道士所谓的"倦怠"(accedie),常令人感到灰心气馁,使灵魂无精打采,对行善失去兴趣,得着自由的过程因而受阻碍。不过,

121

当我们克服这股灰心，摆脱骄傲、野心和任性，就能直登山顶，将上帝与我们的关系，那充满爱、喜乐与平安的全景尽收眼底。但丁在此沉沉入睡。地狱中无法解决的，在炼狱中被改变更新，最终彻底归信。我们的故事虽曾充满痛苦，如今却能从上帝的爱的角度重新述说，这给了我们全新的视角。与上帝的正确关系能赎回其他一切关系，包括我们与自己，以及与他人的关系。

若说科技成为我们在家庭寻找生命焦点的挑战，对但丁来说，他的焦点是在天上，他的心在上帝爱的相互内住（coinherence）中找到了安息。天上实在是我们的家。但丁必须进入流亡、无家可归，方能习得此真理。我们可能也需要类似的破碎，被雅各的上帝所伤，如我亲身经历过的那样。这就是为什么我喜欢但丁述说的故事，因为我们若不先变成无家可归，然后参与在上帝的爱中，看到在基督里"万有靠他而立"（西1：17），就无法了解自己的故事。但丁使用的第一个重大象征，是那些堕落的欲望所形成的漏斗；其次是难以攀登的谦卑、悔改与归信之山。但是天堂，或神圣之爱，却是以"永不再闭合"的"红玫瑰"作为象征，因为在上帝的计划里，每个基督徒都是永恒美丽的。

这个代表恩典馨香的图像永远向着大光绽放，其本身永不闭合。玫瑰之所以是红色的，是因为基督所流出的宝血吗？诚然，唯有牺牲的生命，才能在万物之中心找到上帝。那时，天堂之美就变得无以言喻、欢乐不息，令人狂喜以至忘我了。大光、启示、相交都在团契中涌流,因为我们真正的人格都包含这些有分于上帝荣耀的面向。如今我们看见,原来这趟旅程的目的就是爱,而这份爱已得着安息。我们不再因着罪孽深重的暗昧关系而感到孤独。如同使徒所言(林前 13:12),我们知道,如同上帝知道我们一样。这时候,但丁敦促我们继续读下去:"理解力健全的人啊,看看隐藏在那些奇怪经文的帕子底下的教义吧。"[22]

艾略特读过《神曲》多次之后写道:"终点是我的起点,起点是我的终点。"但丁再次下到地底,因着明白保罗的确信:"万事都互相效力,叫爱上帝的人得益处"(罗 8:28)。但丁是首位使用地方方言的伟大诗人,他使我们确信我们日常平凡的生存有其永恒的后果。成为一个人需要天堂所有的资源,但是人若以自我为中心,就会得着在地狱里永受苦刑的后果。路易斯在他知名的讲章《荣耀之重》(The Weight of Glory)中呼应但丁的论点:"没有所谓的普通人,你从未对一个必死的俗物说话。"《神曲》的《地狱篇》(Inferno)以永世的恐怖描述人的敬畏;而《天堂篇》(Paradiso)则以永恒的光辉予以形容。这并不是一个轻松的选择。我喜欢但丁,因为他提升我的视野,使我看见迈向人格之旅具有无限的价值。他在《天堂篇》里说道:"任何看见这光(Light)的都会成为一个人,一个不会再愿意把双眸移开,让视线落在其他景物上的人;因为美善——所有渴望的对象——都丰丰富富地聚在这道光中。"

当人与上帝和好,在他的爱中安息,他们就会被高举到更尊贵的位置,远胜于文艺复兴的人文主义,或我们科技社会所能想象的。在但丁《神曲》的结尾,我们联想到保罗所说的"更新而变化":"我们众人既然敞着脸得以看见主的荣光,好像从镜子里返照,就变成主的形状,荣上加荣,如同从主的灵变成的"(林后 3：18)。

所以,但丁与使徒保罗一样相信:基督徒个人身上所反映的更新生命,本质上是一种新的存在。他们也激励我们投身于这一过程——成为在基督里的人,因为其果效是永恒的。

123

第三部

在群体中日渐成熟，
在位格关系中传递信仰

第 5 章
在爱中活出真理

宗教改革有个特质是夸张,然而,那些被夸大的事——独立权柄的需要,自由的需要,内在真正信仰的需要——都十分要紧。为此殉道之人(约翰·班扬在一定程度上也是),他们知道自己是为了他人而放弃生命或自由,为此受苦也在所不辞。

——福尔隆,《清教徒的历程》

一个人若是对上帝有任何真实的爱,他必须有一颗爱上帝超过一切的心灵;因为若非看见上帝的荣耀,人是不会真正爱上帝的。

——爱德华兹,《杂集》

以下所述符合常人所说的事实还是梦,我自己也说不上来。我只能说,两者唯一的区别在于:许多人看得见的,我们称之为事实，只有一个人看见的，我们称之为梦。但是，许多人看得见的事物也许索然无味，或是过眼烟云，而只对一个人显现的事物，却可能是从真理的源头喷射出来的矛枪和水柱。

——C. S. 路易斯，《裸颜》

✳ * ✳

128　　　当但丁探索上帝的爱，在地理层面上，他的朝圣之路遍及意大利；在属灵层面上，他从地狱走到天堂乐境，想必心中不时怀疑是否走错方向。根据《神曲》的各篇段落，博洛尼处处是妓女和皮条客，佛罗伦萨与魔鬼结盟，皮斯托亚根本是禽兽巢穴，而热那亚腐败不堪。[1] 但是，在旅程的终点，在上帝与人联合的那一刻、那一处，但丁找到了爱。但丁虽从热爱真理、好沉思的伟大学者托马斯·阿奎那（Thomas Aquinas）身上学到很多，但他是为了爱上帝而追寻真理。为求被真理占有而情愿克己，和为了知识而追求认识事物，两者是不同的。

　　艾略特曾提到："莎士比亚带给我们人类至广的热情；但丁则让我们看见人类热情的至高和至深。"他们总是将人类的尺量摆在上帝面前。但丁认为《诗篇》19 篇是举世最美的诗词之一。他在《天堂篇》中引述："诸天述说上帝的荣耀；穹苍传扬他的手段"，然后应和："我仿佛看见整个宇宙微笑了，其声音与景象流荡我心，令我陶醉。喔，如此欢欣！纯全之爱与和平的生命！喔，这无尽、无限的富足！"整个天堂仿佛回荡着美妙的颂歌："荣耀归于圣父、圣子、圣灵！"因为"那使太阳和诸星移动的大爱"指引但丁整个人生的方向——即使是当他在世上失去立足点而感到孤绝，并未觉察上帝临在的时候。

以叙事体表达我们的信仰，显示我们仍在试图彻底理解并拥有它。叙述的过程容许我们保留某种不确定性，而非僵化地过度自信，同时也反映出我们需要更宽广的视野与深度。象征与隐喻好比钩子，使我们与天堂连结，让我们的信仰更丰富，更与个人整合，但同时超乎我们的视野。矛盾的是，视野愈广，整合的任务反而愈显得无望。我想的往往比我能说的快；我说的比我能做的快；我做的比我能融入品格的多。所以，我的信仰需要更深的联合与融会，同时我也意识到，上帝所赐的任何一点进步，都是以最缓慢的方式发生的！

我们虽能速读神学知识，理念上也能接受某些教义，信仰却邀请我们全人投入每日的生活，将耶稣基督的福音尽可能完全地活出来。因此，我们发现学像基督的进展几乎难以觉察，因为真实的整合需要理解、归信和更新三者适当调和。就像《诗篇》作者一样，我们也会随着情感与渴望的重新调整与再次受教，而经历定位、迷失方位，以及重新定位。因此，在追寻的路上，我们必须保持谦逊、柔和、坚忍、毅力、勇气，尤其是要对自己有耐心。如同但丁所经历的，爬得愈高，路途就愈艰难。

活在牢里或流放在外的责任

对那些经历戏剧化事件而信主的人来说，成为基督徒的改变是不证自明的；但我没有经历这种戏剧化事件，所以我认为我的基督徒生活大多像是在一间牢房里度过，是隐藏的，然而但愿不是地下的。上帝没有给我大马士革路上的经历，而是用这些象征式的意象帮助我慢慢地改变。每个基督徒都有相同的责任：要变得与我们从出生开始的自然生命不一样。对某些人而言，改变是以更慢的速度发生的，无论是从原本的骄傲、对文化的盲目，还是从提出对基督徒生活更激进的想法。对我来说，在神学院任教三十多年是改变的障碍，很多知识停留在二手经验，从未好好消化，成为灵魂的食物。同样，今天基督教出版物的激增可能催生宗教幻象，而非真实的基督徒生活，人们停留在理论之中而非去实践。前面我把这个过程描述为神学新闻报道，只报道讯息而没有把它活出来。

我还记得很清楚，维真学院第一次毕业典礼，我们都穿着学术袍庄重地行进，我的灵里却在哭泣。我觉得我好像一步步踏上绞刑台，把脖子伸进刽子手的绞索里。虽然约

130

翰逊（Samuel Johnson）说过，在这种神志清醒的时刻里，"上帝以大能使头脑明晰清澈"，我却感觉眼前好似有个漫长的刑期。然而，就在那一刻，保罗的话带给我无比的安慰："我为主被囚的劝你们：既然蒙召，行事为人就当与蒙召的恩相称。凡事谦虚、温柔、忍耐，用爱心互相宽容，用和平彼此联络，竭力保守圣灵所赐合而为一的心"（弗4：1—3）。尽管保罗归信的过程十分戏剧化，但是让他学到更多的却是无数入狱的经验。人唯当身处狱中——或象征性或实际的——才能学到自由的真谛：从自我中解放出来。腓立比监狱的狱卒发现保罗和西拉在牢房里喜乐地唱诗。他们并不需要地震来震开牢房的门；他们已经获得深刻的自由。的确，使徒在写给加拉太信徒的信中指出，伟大的德行出自被爱"奴役"，所以"总要互相成为爱的奴仆"（加5：13）*。真正的自由是，纵使别人对你充满敌意，仍能自由地去爱他们。基督徒生活的一大吊诡，正是在最受挫之时，却体会到最大的自由。关系上的挫折，可以像天使服侍在侧，帮助我们达到更高的无私境界。

131

流放当然是我们家庭故事的一部分。内人和我硬拖着四个青少年儿女告别故乡和朋友，到远方重新开始。有个朋友满有信心地保证，对我们作父母的而言，这次离乡背井可能真的会是灾难一场，但对我们的子女很可能再好不过

---

* 根据英文直译，和合本此处译作"总要用爱心互相服侍"。——编者注

了！回顾起来,内人和我都明白,它确实是使我们的孩子更加机敏和主动的最佳方法。不过,我们也深刻体会到圣经里流放的主题。上帝借流放对他的子民显明更大的旨意,而不是任凭我们停留在自己舒适的、狭隘的、自我聚焦的视角;流放也粉碎我们洋洋自得的看法,发现唯有在上帝隐藏的特质中才能得着复原,并且远超过实用主义及控制所能达到的结果。

耶利米是我从小就很喜欢的一个圣经人物。我经常默想上帝借着他向被掳者所说的话:"你们要盖造房屋,住在其中,栽种田园,吃其中所产的⋯⋯你们要为那城求平安⋯⋯"(耶29:5—7)在灰心中仍有怡然的平安,这就是凡仰望上帝的人所活出的生活方式。我们仰望他的圣殿和宝座,我们期待当他将来的国度降临,他的属天公义必要使一切复兴。这个新时代的应许使我们充满盼望。约瑟所发现的真理与耶利米所发现的类似,虽然哥哥们出于恶意,将他丢进漆黑的深坑中,但是到头来却看见,这个经历在上帝意思是好的。当我发现自己落在漆黑的深坑中,抬头却见到一片光明;同样,流放的深坑也预备了诸如西面和亚拿等敬虔的以色列人的心,好让他们能迎见那位道成肉身的耶稣,以色列的安慰者。流放也能预备我们耐心等候空前的福祉降临。

活得不一样的挑战

此外,认识基督是在软弱中找到力量。根据钟马田(Martyn Lloyd-Jones)的说法,保罗带着一种"怪胎"的身份活在世上;因为他是"未到产期而生的人"(林前 15:8),又是罪人中的罪魁(提前 1:15)。保罗在《哥林多前书》4:7—17 中自述,他活在一种辩证性的存在当中:软弱与刚强之间、愚拙与智慧之间、贫穷与富足之间、羞辱与名声之间、奴仆与自由之间、受苦与安慰之间、失败与光荣之间。这些苦难就像所有的浩劫一样,使人疏离世界,但是保罗付出的巨大代价是为了带给他人生命。照样,我们向着主耶稣基督而死,让他的生命显在我们身上,好使人得益处。但丁和保罗的榜样,并不是特例;这个角色并非只有伟大的神秘主义者能担任,而是所有真基督徒借日常生活的辩证经历活出来的见证。

然而,今日的我们读到保罗写信给"众圣徒",不免联想到教堂彩绘玻璃上那些遥不可及的圣者。即使是"holy"(圣洁)这个英文词(威克里夫最初从 *hagios* 译过来),也让我们感觉很遥远,其实它根本的意思即"不一样"。上帝晓谕以色列人:"你们要圣洁(亦即不一样),因为我耶和华——你们的上帝是圣洁的。"(利 19:2)我们这些深深浸染于自身文化中的人,更需要被大大提醒,成为基督徒意味着应该给我们的生活、行为和身份认同带来真正的改变。我在维真学院的同事博克米尔(Klaus Bockmuehl)过去常说一句激进的话:"十诫是基督教会之于公共生活的基本贡献。"他的恶梦就是发现一名学生有篇关于第四诫的文章,竟是在主日写的!博克米尔认为,凡是真以色列人都要将"守安息日为圣日"视为自我身份的道德责任。七十年的流放,也确实反映出以色列人在应许之地未能遵守安息年。[2]因此,上帝也赐给基督徒一个安息日的身份;基督徒应当将星期天与周间其他六日有所区隔,无论是在时间的安排还是生活的节奏上。如同割礼一般,安息日应该提醒我们,上帝已赐给我们不同于世界的身份,因为如前所述,我们的存在是深深地在基督里。或许我们仍需经历流放或监禁,好帮助我们重塑逐渐淡化的安息日身份。

　　同样,初代教会对于保持婚前性纯洁的要求,应该也是基督徒生命的标记。保罗呼吁哥林多教会保持性纯洁,是以我们是属上帝的人作为论述中心;[3]若是我们在性方面为所欲为,就会得罪上帝(林前 6:12—20)。我们要大声疾呼,年轻基督徒守贞,才是喜乐之源。在极大的同侪压力下,要采取与世界不同的性生活方式,实在是非同小可。但是,若我们的生活方式与世人并无不同,我们作为基督徒的可信度也就消失了。如前所述,这就是所谓的基督徒如何促成了世界的世俗化。"成圣"(hagiasmo)的字面意义,就是"迈向圣洁之路",我们一生一世都将走在这条路上。

基督徒的事奉和个人的圣洁

斯特罗姆(Mark Strom)在他令人深思的著作《重塑保罗》(*Reframing Paul*)中，指出福音派文化和保罗时代的哥林多教会一样，受到异教的抽象概念、理想主义和精英主义的影响。[4] 这种态度多半源自我们将精英的意义赋予传道人，让他们在公众面前自说自话，却没有在日常生活中与人亲切地私下对话。我们注重专业的事奉，又硬生生地将日常市井生活和教会宗教活动分开，这些都会引发错误的精英主义心态。雷斯纳(Andre Resner)在《传道人与十字架》(*Preacher and Cross*)一书中主张，基督徒误解了公共服侍的目标、规范和价值，已经导致事奉出现危机。[5] 我们采取了世俗专业生活的规范，忘记了初代教父从未将成圣与学术分开，也未曾将基督徒品格与宗教行为分开。基督徒学术不能是自我本位的，必须保持批判性，但研究的目的也是为了怜悯。

诗人乔治·赫伯特问了一个问题："主啊，人怎能传讲你永恒之道？"[6] 因其道德缺陷，人不过是"摇晃、易碎的玻璃"；但是，在上帝的圣殿里面，人能"靠着上帝的恩典成为一扇窗"，因为上帝能从他的故事中"冶炼玻璃/使你的生命/在圣洁的传道者里面散发光芒"。"教义与生命"能结合并穿透听众的心灵，那是"单单传讲"无法做到的。无论神学学术如何发展进步,上帝仍使用我们这些瓦器来向世人传讲他自己,这神圣传讲的奥秘永远是保罗从三一上帝的角度所说的敬虔的奥秘(提前 3:16)。传讲和个人沟通于基督徒皆至为重要,但是我们在传讲基督徒生命的奥秘时,绝不可为一己私利、智性或心理上的各种意念所左右。

同样,没有"保罗的心理学"这种东西,倘若那是指当代心理学能够以保罗的生命和侍奉为榜样来解释所有基督徒生活的问题。假定当代人类意识和古罗马晚期的初代教会相同,根本是时代错置。相反,我们需要历史心理学来教导我们从前各个时代的意识是如何不同,一如知晓我们文化中的自我身份观已经改变,而且还在随着时代而变化。举例来说,在古典世界里,人类与诸神之间的界限因身份的可渗透性而混淆,生活常被如情绪一般变幻无常的神灵入侵,今天我们的身份则变得愈来愈自我中心而无法穿透。

135 话说回来,我们或许自认为很懂得分辨,自然能看清主内弟兄姊妹的言行;不过我们务要谨慎,不要轻视他人本于对上帝的信心所活出的生命。无论我们多么会分辨,总是无法看透别人。精神分析及其所产生的强烈怀疑态度,已被今日的世俗文化完全采纳,而它却可能造成重大伤害。我对路易斯记得特别清楚的一件事,是在二十世纪五十年代初期,他一直关心的,就是需要"有扇干净的窗户好欣赏风景",有别于世俗文化运用精神分析来观看一切,结果却什么也没看见。

个人关系需要我们留心他人的特质。独特性是上帝赐给我们人格的礼物,我们本应为此互相庆贺。因此,我有一个内在的习惯,就是培养以祷告的态度面对他人,默默地在内心祈祷:"主啊,求你使我以恭敬的心,来面对这位你为他而死的独特孩子。"祷告的心是关系的气息,是毒药般的无神论世俗心理分析的解药。我们与他人相交时,祷告便会与圣灵内住的渴望相互交织。祷告除了具备强烈的社会性特质与目标(借由求告和代祷),还具备私人的目标(有助于自我灵命的塑造)。我的确发现将祷告和友谊分开是不可能的,对此我在拙作《转化生命的友谊》(*The Transforming Friendship: A Guide to Prayer*)中已有所述。

牧养关怀向来是我生活的一大焦点。我也有个体会:温柔需要与坦白的面质穿插交织。我们能从保罗的事奉看到这点,他在《哥林多后书》10:1写道:"我……借着基督的温柔、和平劝你们"。哥林多信徒读保罗的信时,会发现和他面对面时所感到的谦逊十分不同,因为他的信放胆直言,令他们觉得有威胁意味。于是,他们就以为保罗有双重人格。我最喜爱的经文之一是保罗的自白:"我们既有这样的盼望,就大胆讲说"(林后3:12),这句话既包含终末论的精神,又有牧养关怀的成分。从终末论的角度而言,我们大胆讲说,是因为我们对上帝能救赎且改变我们充满盼望。以牧养的角度来看,保罗就是照实陈述。曾经有位貌美但对丈夫不忠的女士向我坦白她的出轨,跟杂货店经理发生婚外情。"天啊,我该怎么办?"她呼喊道。我直截了当地告诉她:"去别家杂货店购物!"

对于哥林多信徒的不道德行为,保罗甚至运用军事隐喻来形容他们需要看清什么。哥林多信徒深陷道德争战之中,所以需要拿起属灵武器来攻破试探诱惑的营垒,避免被掳,并责罚悖逆(林后 10:3—6)。在牧养事奉中,待人亲切不一定是帮助他人灵命成长的真正方法,我们必须了解基督徒生命的彻底性。正如耶稣在《路加福音》14:26 所说,我们必须运用道德的恨——不是情绪,而是敬虔的信念,表明我们在基督里的新生命是彻底改变的。与过去一刀两断,是远离成瘾行为的必要做法;一切成瘾的行为都象征拜偶像之罪,我们恨之,才能与过去一刀两断,表示我们要求终末性的新生命,并要大胆传讲福音,证明这新生命是可信的。此外,保罗在《罗马书》1:16 写的"我不以福音为耻;这福音本是上帝的大能",对我特别有帮助;因为我天生胆怯,年轻时怕这怕那,总是为自己找台阶下。

在寓言中与约翰·班扬同行

与但丁同时代的人说,当他从街上走过,旁人就会说:"就是那个人曾经去过地狱。"约翰·班扬系狱十二年,不仅亲身体现了十七世纪英国内战和宗教冲突的动荡不安,也和但丁一样对我们诉说大家都不乐见的人类景况。他对原罪的觉察,个人的诚实,对上帝恩典的深刻经历,对试探和基督徒生命试炼的写实描述,还有思念天上之事的态度,至今仍激励我们活出言行一致的信仰生命。我从小就读他的《丰盛的恩典》(*Grace Abounding*)和《天路历程》,到现在我还会拿起来重读。

我在神学院和同事巴刻(J. I. Packer)共同开了一门有关清教徒与西多会的课程,教了近二十年;这使我们获得一种视野,能将班扬放在清教徒的修道精神与家庭生活的背景中来认识。然而,班扬所用的战士-天路客隐喻也很强烈,使我们得以看见他的基督徒身份是犀利的、果决的、轻看世界的。他的教导与所有清教徒给我们的教导一样:追求敬虔的生活既不是了不起的努力,也不是遭遇大难的原因,而是每位基督徒的准则。班扬的职业是补锅匠,经常在各个村庄之间独自长途跋涉。就像我们许多人经历过的一样,他常发现圣经并未带给他安慰,也完全能体会罪疚感使人瘫痪无力。而当他展读《雅歌》,灵魂被基督的爱深深触动,他就不禁想要"对着那群栖息在眼前田野里的乌鸦"讲述上帝的爱。

"清教徒"(Puritan)这个词其实是个讽刺的绰号,清教徒比较喜欢自称"严谨之人"(Precisian),因为上帝是一位精确(precise)的上帝,他的诫命都是一清二楚的。但是,基督徒生活可能被系统地扁平化,以致变得抽象、毫无生气。所以,目不识丁的补锅匠班扬可真是做了件大胆的事;他用寓言来表达基督徒生活,阅读他著作的人都应该先读他写的介绍,力陈何以使用寓言来谈论信仰与言行。[7] 寓言让我们从各个面向——深度和高度、长度和宽度——勾勒上帝在耶稣基督里向我们显现的爱的轮廓。我们若明白这一点,《天路历程》中所描绘的基督徒生命的丰盛、强健和实在,必将跃然纸上。

年轻时的我想要做个很属灵的人,但我不是。我想要谦卑,但我不是。我想要表里如一,但我就是一个胆怯、内心充满矛盾的人。可是当我走进班扬的寓言世界里,我就有了完全的新确据,看见整部戏剧在我的生命中重新且生动地上演。撒但的高超诡计和欺骗手法都曝光了,我再次清楚明白成为基督徒的重要性。故事中的"乐山"固然难以攀登,就像但丁的炼狱一般,可一旦登顶,就能以更宽广的视野看见上帝爱的旨意。

许多宗派主义者拘守字句,往往扼杀了向后代传讲信仰的机会,今天特许的宗教活动也可能带来同样的结果。但是,班扬认为:"古时,上帝的律法难道不是以预表、影子和比喻来陈明的吗?"作为《天路历程》的叙事者,班扬睡着后梦见自己在一"洞穴"里,事实上那是一个牢狱。衣衫褴褛的他不禁悲从中来,大声哭叫:"我如何是好呢?"他回到家中,家人却认为他精神错乱。他在路上遇见一位"传道人","传道人"告诉他,若要逃避那将来的忿怒,就必须走进野地的一道窄门;他看不见往哪条路走,"传道人"就指示他远处有一亮光,只要朝着那亮光走就是了。班扬起而追寻"生命,生命,永远的生命"。不久,他跌入"灰心潭",遇见"世俗智慧先生",然后在"道德村"碰到"律法"。接着,班扬又在"仁慈"的引领下越过"艰难山",来到"美兔宫"休息,待恢复体力,再继续前行到达"蒙羞谷",与亚玻伦大战。后来,他经过"死荫的幽谷"和"浮华镇",终于发现自己和同伴"盼望"抵达了"怀疑寨"。两人在名叫"绝望巨人"与其妻"缺乏自信"的手中吃了不少苦头;他们好不容易逃出后到达"乐山",跨越"死亡之河",抵达了目的地天堂。这个故事极其生动有力,叫人读来仿如身历其境,并为自己的故事增添活泼又深刻的意义。

139

班扬的主角"基督徒"一路遇见或听闻了大约九十位人物,其中有十七位是好人,但是恶人的角色更真实!就像中世纪的七宗罪,"基督徒"面临的虚幻不实也分成七类:贪爱世界、矫饰、自大、忿恨、情欲、易受牵引,以及道德消沉。反映贪爱世界的有十六个人物,接着有十个人物反映易受牵引。依班扬之见,"基督徒"在旅程中真正的试探,是效法世界的试探。班扬自己是不从国教者,正是因为不与世俗妥协才会入狱,与年轻的妻子和四名子女分离多年。[8]他的信心带领他超越传统宗教生活的浅水域,进入汪洋大海,在那里所有深层的冲突矛盾都消弭了,使他在极大患难中仍能轻快昂扬、情感丰沛、喜乐洋溢。世俗主义者如詹姆斯(William James)和弗洛姆(Erich Fromm)称他为"可怜的、逆来顺受的班扬",甚至说他是神经病患者,因为他们都看不见人与上帝之间关系的超然天际线。不过,伟大的诗人暨文学批评家柯勒律治(Samuel Taylor Coleridge)却有不同的见解,他在儿子的《天路历程》扉页上写道:

除了圣经以外,没有其他书像本书一样,照着基督耶稣的心意教导,并且强调完整的救恩真理。我以个人的判断和经验,欣然推荐此书。在非由上帝默示所写的书中,我深信它无疑是最好的福音神学大全。[9]

与巴克斯特一同默想天上的事

切斯特顿(G. K. Chesterton)认为:"我们在灵性与心理上长期要面对一项功课:注视熟悉的事物,直到它们再度变得陌生。"但丁和约翰·班扬帮助我们更全面地看待自己的生命,避免落入灵性的自满和道德的疏懒。为了常葆信仰热诚,我发现需要象征手法和寓言的帮助,来培养默想式的生活形态。默想产生内在信念,信念转而提供并强化心灵的一致与平静,有助于形成坚毅的基督徒品格。十七世纪的清教徒默想运动,开启了教会属灵生命的更新运动,有如广阔的地下水系,绵延浩荡,影响至今。

我发现今日有些基督徒因信仰欠缺真实性而感到失

望,他们只从认知上了解信仰,却未曾自情感上发展信心。连异教哲学家柏拉图都能分辨求知有四种方式:理性、感官经验、出神(ecstasy)和爱。我们的物质主义社会理解前二者,却忽视后二者。但是,巴克斯特的经典著作《圣徒永恒的安息》(*The Saints' Everlasting Rest*, 1658)通过默想《希伯来书》4:9来探讨出神与爱的角色:"这样看来,必另有一安息日的安息为上帝的子民存留。"巴克斯特认为,这安息就是天堂。这样一来,每天花半小时来操练"思念天上的事",有助于提升"向善"(meliority)的原则:追求更好的,以求取那最好的——天堂本身。追寻天堂,是灵性朝圣之旅的属灵动力中心,因为我们所追求的,是比这世界所能给我们的更好的东西,并非像梭罗以嘲讽的口气所说:一个人一次只能应付一个世界!

然而,我们不能一直处在没有安息之中;因为靠着上帝的恩典,我们已白白地称义了。圣经的教导肯定此项真理:我们是按着上帝的形象受造的,他切望将他所有、所做、所是的一切都显给我们看。使徒如此确信:"上帝若帮助我们,谁能敌挡我们呢? 上帝既不爱惜自己的儿子,为我们众人舍了……"(罗8:31—32)这项真理并非要让我们不得安息,而是要使我们毅然持续在这趟朝圣之旅中,迈向一个如考夫曼(Milo Kaufman)所言,拥有"比梦想还更美好的未来"的生命。[10]"追求幸福"无非是现代人对古典哲学的重新阐释。从另一方面来看,以天上之事为念的态度,是一生与基

141

督保持爱、喜乐、平安的关系所结出的果实。这样的生命不是逆来顺受，也不是静默主义，而是在上帝面前积极地追求认识自我，同时避免任何对自我的过度在乎。

中世纪有一悠久的默想圣经传统，或可称为"神圣的阅读"（lectio divina），体现在圣伯尔纳、圣提里的威廉（William of St. Thierry）、格尔森（Jean Gerson），以及"现代灵修派"作家的作品中。之后，巴克斯特、薛伯斯（Richard Sibbes）和班扬接棒，持续鼓励基督徒在日常生活中，以默想引入永恒之光。借由默想，喜乐成了对天堂的期盼，没有任何其他所能想到的愉悦能与之相比。但是，人的其他强烈情感还是很重要，好比恨恶罪恶、热诚、怜悯、羞耻心，以及为我们的缺陷而忧伤。祷告是这种思考的主要途径，它既有理性反思，同时也感谢上帝的恩典。然而，讽刺的是，现代基督徒更倾向于练瑜伽而不愿默想圣经所说的天上的事！

如果我们需要理由才能信服，或许可以阅读路易斯的小说《来自寂静的星球》（Out of the Silent Planet）：

他（主角雷森姆）以前读过关于"太空"的信息：多年以来，他隐约认为那是一个黑暗、寒冷的真空，将世界彼此隔开，并且全然死寂的地方。直到现在，他才知道这些错误想法对他的影响有多深远。如今，相较于他所泅泳其中的苍天洋海般浩瀚的光辉，"太空"这个名词简直是个大不敬的

142

字眼。他不再认为太空是"死"的，他觉得有种生命正时时刻刻、源源不绝地从那里向他身上倾注；以前他认为太空是荒芜的空间，现在则觉得它是孕育万物的子宫，它那些数算不尽，又闪烁发光的后代，夜夜睁眼俯视地球……古代的思想家比较聪明，他们只叫它天堂——述说荣耀的诸天。……（这是）他的心逐渐明亮愉悦的一个属灵理由。[11]

路易斯这样总结自己的奇幻故事："即使我们能让百分之一的读者，从现存的太空观念转换成天堂观念，我们的努力至少也有了开端。"[12]

与爱德华兹一同追求恩典的情感

我十分佩服的另一位基督徒导师是爱德华兹。爱德华兹写作与传道的年代背景，与我们今日的超现实文化颇类似；他认为撒但的伎俩之一，就是借迷狂的表达之引人注目来彻底败坏基督徒的生命。爱德华兹提醒我们，我们很容易以公开的福音派凯旋主义为荣，这其中本来就隐含虚谎的政治企图。同样，今日的福音见证变得太政治化，逐渐失去可信度，或许并非因为过于情感化，而是因为过于企业化？福音派学术界面对基要派和反智主义的指控时，若是反应太过激烈，也可能会有虚假之虞。福音派学者有时将爱德华兹误视为可敬的宗教知识分子代表人物，但讽刺的是,这样是误读了其经典著作《宗教情感》(*Religious Affections*,1746)。[13] 爱德华兹的目标是要教导读者认识上帝所赐"出于恩典的情感"(gracious affections)的本质,既非假出神,也不是对抗前者的假学术。

　爱德华兹的论述依据是《彼得前书》1:8—9:"你们虽然没有见过他,却是爱他。如今虽不得看见,却因信他就有说不出来、满有荣光的大喜乐;并且得着你们信心的果效,就是灵魂的救恩。"信心的大小是借试炼而非成功来衡量的,因为信心需要经历试验。爱德华兹指出:"受最大压迫之时,最能显出德行的美丽。"[14] 信心被炼净之后,就会更加提升,而信心的表达正是对基督的爱,此外无它。它是超自然的,拥有难以形容的优点,是上帝赐予的,也是上帝启示的。"在很大程度上来说,真正的宗教在于圣洁的情感",爱德华兹以其最肯定的语气写道。虽然人类具有感知力,但是唯有上帝能使我们渴慕和倾向寻找他,并且真实地爱他。

　爱德华兹从很年轻的时候就意识到,我们内心对于属上帝之事的渴望若很强烈,对上帝之事的认识就会变得更加清晰。唯有重生能使人产生爱上帝的心。唯有上帝在信徒里面的超自然作为,能带出真实的宗教情感。真正的宗教情感并非客观的学术成就所能孕育出来,亦非主观情感的结果。我们里面的自欺实在是太根深蒂固,以致除非上帝的恩典在我们里面运行,我们不可能对上帝产生真正的情感。[15]

上帝的荣美来自他的神圣独一性,有别于其他一切的存有。当我们在他的荣美中喜乐,所反映出来的"恩典意识"(gracious consciousness),同样有别于其他任何形式的意识。他人或可抽象地谈论上帝的圣洁,但唯有拥有上帝的灵的人,才能真实地经历他的圣洁之美,而那种经历绝非单凭人的情感所能企及。诚如爱德华兹所言:"恩典情感的根基乃在自我以外,在上帝和耶稣基督里面。"[16] 圣灵"使理性成圣,并使之敞开而自由"。[17]

　　于是,真正的圣徒愈以恩典之爱来爱上帝,就愈渴慕爱他……他愈恨恶罪,就愈渴望恨之恶之……他愈渴慕上帝和圣洁,就愈渴慕追求,打从灵魂深处渴慕上帝。[18]

　　这个过程无关任何以自我为中心的迷狂或理智。爱德华兹论定,"恩典的情感"是很实际的,因为我们是为了别人而将恩典的情感化为行动,因此也实践了爱上帝、爱邻舍的双重诫命。

　　把基督徒的经历与实践说成好像两件完全不同的事,是有欠考虑或不合理的。的确,并非所有的基督徒经历都被恰当地称为实践;但所有的基督徒经历都名副其实是实践。[19]

这些是爱德华兹的生命信念,他也为此付出高昂代价。1750 年,写作该文四年后,爱德华兹被教会解除职位。他"在世界的汪洋中被裁掉",没有薪水收入,有十个孩子嗷嗷待哺,不知往哪里去。历史学家马斯登(George Marsden)对到底出了什么问题的解释稍欠同情:"爱德华兹既以分析情感为宗教核心而闻名,竟然过度相信论据充分的原则能克服万难。"[20] 错了! 马斯登误解了爱德华兹对"恩典的情感"的解释。"恩典的情感"不是老练、有手腕地对人和善,而是保持忠于圣经的真诚。没错,爱德华兹身处其中的牛顿式宇宙观,比我们如今所面对易变动的后现代主义要严格、固定得多。但是无论是在何种文化或历史阶段中,向人所建立的现实架构提出挑战,都是很需要勇气的一件事。马斯登的结论比之前的看法更智慧:

145　　我们文化的常识是,物质的世界就是"真实的"世界;不过,爱德华兹挑战这个观念。他的宇宙本质上是位格性关系的宇宙,现实是由情感的沟通所构成,沟通的极致就是上帝的爱和受造万物的回应。物质短暂无常,其意义端视它们与位居现实核心的爱有何关系而定。物质虽然短暂无常,然而,只要我们将物质视为上帝慈爱的记号或表达,它们也会拥有伟大的永恒意义。[21]

我们今日的信仰处于后理智(post-intellectual)时代,

这意味着我们既非唯智论者，亦非反智论者，而是比这两种极端更为全面。其含义比较类似中世纪的"圣愚"（holy folly）概念，如同保罗所言，"我们为基督的缘故算是愚拙的"（林前4：10）。由古至今，基督徒所肩负的任务是要传递忠于福音而非忠于世俗名望的身份。

然而，人生是复杂的，于是我们要用各种不同的形式来传递，就像圣经也采用不同的文体一样；我们需要以教理问答、叙事、诗歌、先知预言、伦理和意象的方式，来表达信仰。我年少时很自负，以为做基督徒就意味着要缩减文化生活！如今，我笑看那时的我，因为最能拓展、挑战我们的——无论是我们的思想、情感、意志还是心灵——莫过于成为基督徒。于是，我想以路易斯作结，这位基督教护教学者善于运用各种不同文体，这正是今天的我们所需要的。

与路易斯一同寻求裸颜

1947—1953 年间，我有幸定期与路易斯会面。那段时间我与他的朋友泽诺夫（Nicholas Zernov）同住一套公寓。星期六晚上，我们常在家中和几位基督徒同事聚集讨论。[22] 146不过，自从路易斯在 1953 年转到剑桥大学教书以后，我就很少看到他了。因为不想和他失去联络，1957 年我向他请教一个问题：对他来说，他的哪一部作品将他认为最重要的信息传达出来。路易斯回答道，最能表达他心中关切的，是 1943 年出版的公开演讲集《人之废》(*The Abolition of Man*),以及 1956 年出版、可惜反响不佳的小说《裸颜》(*Till We Have Faces*)。[23] 前者提出告诫,主张本于道德相对论的教育,将制造出一代"没有胸膛的人",即不能用心灵来作理性思考的技术专家。《裸颜》是路易斯题献给乔伊(Joy Davidman)的作品。与乔伊的短暂婚姻,改变了他这名"老单身汉",也帮助他更深刻地经历与基督同死、同复活所带来的生命更新。关于路易斯的研究论述中,很少有人提及这本小说,他在世时大众也都忽略它;但是,他却觉得这本小说表达了他心中一些深刻的信念,何以如此?

路易斯的朋友及同事托尔金曾经造了一个词"eucatastrophe"(好的灾难)[24],用以区别基督教故事和异教的神话传统。那是"好的灾难、突如其来的喜乐转折……基督教故事否定普世的最终败落,只要讲述的是福音(evangelium),我们就仍能瞥见真喜乐,超越世界籓篱的真喜乐,同时也深具辛酸与悲伤。"对这两位作者来说,"神话"(myth)不是非真实(untruth),而是透过想象力,不经由理智来传达真理。它关乎的是内在世界而非外在世界,是以奇幻故事对堕落作出回应。它并非为了方便我们头脑的框架和限制而化约了真理,诚如杜瑞兹(Colin Duriez)所言:"想象力乃关乎领会现实(即便这般现实属于不可见的世界),而非关乎掌握概念。因此,路易斯以奇幻故事来描绘对于他者的感觉,承认神圣的存在,渴望喜乐,了解艺术是次创造（sub-creation），以及切望得着恢复与医治。"[25]

　　路易斯以《裸颜》重述古典神话"丘比特与赛姬"（Cupid and Psyche）。[26] 古代有一叫葛罗（Glome）的王国，统治女王名叫奥璐儿（Orual），她抱怨诸神因嫉妒她对同父异母的妹妹赛姬的感情而降罪于她。奥璐儿在她父亲葛罗王的宫廷陈述她的家庭故事。为了希腊的听众，她尽可能忠实陈述。希腊象征文化中的理性特质（譬如对路易斯来说，牛津的学术生活反映的就是这种特质）。奥璐儿是在一名叫"狐"的宫廷奴隶，也是她的私人希腊文老师的调教下，可以如实陈述自己的身世。由于国内遭遇饥荒，诸神要求将国王最小的女儿赛姬交出来献祭，以平息他们的忿怒。从这方面来看，奥璐儿道出今天普遍的概念：神明总是嫉妒人类的幸福而与人作对。然而，赛姬却甘心情愿接受死亡，后来，奥璐儿发现她珍爱的妹妹赛姬并没有死，而是容光焕发、充满幸福地与"神圣的他者"（the divinely Other）活在新的存在之中。赛姬找到了真爱，那是她在无私地献祭之前从未经历过的。爱必须是无私的，那才叫真正的"爱"，奥璐儿"爱过"她的妹妹，却是错误的爱，因为那只是爱自己罢了。

　　后来，奥璐儿继承王位成为葛罗国的女王，她对诸神怀抱更大的愤怒，因为现在他们剥夺了赛姬对她的爱。这种感受和眼看亲人信主雷同——只见他们整个被更伟大的爱人给吸引去了！脱离自我而得自由的赛姬，与同父异母的姐姐奥璐儿形成强烈对比。奥璐儿，这位统管自己王国的专制者,努力维持她骄傲的独立身份;直到她也经历破碎而得以重生之后,才能取下那遮掩她丑陋容颜的面具,因为现在她也变得美丽了。经过死亡与复活之后,她变成像赛姬一样,获得了一张脸,并且成为一个真实而完整的人。

148 　　这个故事或许有点自传色彩,路易斯就像奥璐儿,而他的妻子乔伊就像赛姬。乔伊死后,路易斯发现,原来"爱太年轻以致不知何为良知",这是他在此书扉页引用的诗句。路易斯采用迥异的文体,却和爱德华兹一样告诉我们,恩典的情感不是自然萌发的,而必须经历死亡和复活的炼净。我们需要在自己的信仰故事中辨识这一类的"好灾难";因为那些导致个人极大困苦之事,其实能将我们从自我中释放出来,获得完全意想不到的自由。正如诗人汤普森(Francis Thompson)历经长期逃避"天堂猎犬"(Hound of Heaven)之后,终于醒悟:

　　　　我从你手中取走了一切事物,并非为要伤害你,
　　　　而是要你在我的膀臂中寻得。

第 **6** 章
在断裂的时代传递信仰

我们既有这样的盼望，就大胆讲说。

——《哥林多后书》3：12

认识上帝却不认识人的悲哀，这样的知识会导致骄傲。认识人的悲哀却不认识上帝，会导致绝望。认识耶稣基督是中道，因为在他里面，我们既找到上帝也发现自己的悲哀。

——帕斯卡尔，《思想录》

最有价值的就是好记性；倘若没有记性，（圣经）就不能带来任何帮助。

——奥古斯丁，《论基督教教义》

　　传统在今日遭受到不少批判,因为历史视角已被科技取代。然而,就像动植物的生长与繁衍需要生态位,人类也照样需要传统;传统不仅是人类的遗产,也是传递活泼信仰的途径。在一个孩子从出生到成人的过程中,传统是赋予整个价值观与意义的环境,是教导与实践之地,帮助他们向过去学习,未来能活得更有创意。使徒彼得讲到基督徒,说"父上帝……借耶稣基督从死里复活,重生了我们,叫我们有活泼的盼望,可以得着不能朽坏、不能玷污、不能衰残、为你们存留在天上的基业"(彼前 1:3—4)。这基业或传统是基督徒生命固有的部分,诚如保罗所言:"我当日所领受又传给你们的"(林前 15:3)。

　　我们的信仰有历史事件作基础,那些事件都确实发生在我们的时空之中,而非在头脑里纠结的抽象思想。我们的信仰是有权威的,但不在于权力或外部的合法性,而是在乎它由值得信赖的人所传承。[1] **权威**一词的英文(authority,拉丁文为 *augere*,"使……成长"之意)字根意思是生存性的,暗示真理乃是代代相传、借个人传达的活泼信息,而非仅是一套观念而已。认识复活的基督的人四处作见证,使基督教拓展开来,信徒聚集在殉道者坟前,这群殉道的**反叛者**忠心地将他们的信仰传给仍活着的人。于是,在圣餐聚会上,逝者与活者一同记念主,在信心上合而为一。如威尔肯(Robert Wilken)所言:"已逝的忠信者不但被怀念,而且受邀一同参与圣礼……教会里的所有成员,过去的、现在的和未来的,融合成为一个群体。"[2]

经历变迁却始终如一

我的一生曾目睹大规模的文化变迁。我曾经历过二十世纪三十年代初期的经济大萧条、纳粹对犹太人的大屠杀(发生的当下为许多人所忽略)、第二次世界大战,紧接着是对现代主义的革命性祛魅,现在我不禁想知道,基督教未来的社会形态会是如何? 新教是否将不断分化成更小的团体,而能将信仰传给后代的,是否只剩下那些持守使徒传承,仍葆有活泼传统的团体?

当帕斯卡尔站在现代时期的开端,面对文化的变迁,他意识到单凭理性的确定性是不够的。他已亲身体验到,唯有借由信靠的关系,人才能从心里接受这位圣经中的永活真上帝,亚伯拉罕、以撒和雅各的上帝。这种从心灵到心灵的传递对于教会有何涵义? 可惜帕斯卡尔并未亲口告诉我们。他深刻的见解仍是放在旧鞋盒里的"想法"。我们在克尔凯郭尔身上也看到相同的热情之火,他最大的渴望就是亲身经历当代的基督,就像他的祈祷文所写的:"主耶稣基督,愿我们也能和你一起站在当代;愿我们能从现实中看见你真实的样貌,一如你曾行在地上之时。"可是,克尔凯郭尔也离我们而去了,只留下"哲学片段"(他如此称呼自己反抗苏格拉底式辩论的努力)供我们沉思。

帕斯卡尔和克尔凯郭尔两人的表达一致暗示,基督仅
与灵里贫穷之人同时代。另外,我们只有看清人堕落到了
无边的深渊里,才能在永活真神的恩典中,见证关乎人类命
运的浩大救赎计划。从永恒的角度而言,每个时间点都是
等距离的。唯有理解这一点,我们才能看到基督是和我们
同时代的,进而明白永恒对现在的我们是何等真实。另外,
我们也需要与那些令我们料想不到的当代基督徒朋友认同
和交往;看到他们每日与基督同行,我们也会受到鼓舞,他
们有时是来自与我们截然不同的教会传统。

　　我在维真学院成立时的首场公开演讲,是根据《希伯来
书》作者的辩证主题:"耶稣基督昨日、今日、一直到永远,是
一样的"(来 13:8)。虽然他真的是不改变的基督,却也是
持续前进的基督,召唤我们凭信心跟随他,走出人类成就的
围墙,跨出自我有限的视野,"出到营外"(来 13:12—13)。
我们遇见世事变化和人生的不测风云,是为了在软弱、干涸
与悲伤中遇见他,他和我们是同时代的,因为他"多受痛苦,
常经忧患"(赛 53:3)。我们或许会在料想不到的人物身上
和意想不到的地方遇见他,甚至会在从未想过竟然也会是
基督徒的人身上与他相遇。他在那里向我们表示:他就是
那超越我们对实在的一切概念之上的"实在"(Reality)。

　　从逆向辩证的角度来看,我们要为信心的双重异象作
预备。这个异象所带来的张力,包含为世人看为荒谬的信
仰饱受折磨和苦难,同时又体会永生的福分。信心不只是

152

相信大众所不能理解的事,更是接受一种既是凯旋得胜,却又充满艰辛挫折的生活方式。如此一来,我们能与喜乐的人同乐,与哀哭的人同哭。

事实上,当我们原有的期待被患难所粉碎,并被重建的现实所取代,我们才比较能够从上帝的眼光看事情。苦难教导我们什么是以基督的心为心,我们若是为了避免受苦、惹人厌,任由自己的聪明和自主驾驭人生,以求赢得世人的掌声,就会忘掉基督的临在。我们否认自己活在罪中,成了无助的上瘾者,在事物表面滑行而跌倒。同样,倘若我们回避深刻的人间悲剧,也会错失了基督之爱的长阔高深。基督徒的苦难仿佛音乐的低音,比交响乐团的铜管乐器所能奏出的还要深沉。事实上,它跟世上的苦难完全不同,最终的结局总是救赎,而天然的人类苦难却可能是自我毁灭,在绝望中甚至会倡导所谓的"安乐死"。但是在基督教信仰里,最深的苦难也会在悲剧中有光照耀,进而带来转化。

与基督的当代友人同行

谁能否认俄罗斯人民的灵魂饱经压迫的苦难与痛苦呢?早年我与好友泽诺夫一同在牛津大学担任讲师。泽诺夫是逃难到英国来的,过着流亡的生活。当我对同事说我们同住一间公寓,所得到的反应常是:"那你一定是个阴郁的人!"众所周知泽诺夫幼时家境贫寒,教育条件也先天不足,但却生活坦荡透明,脸上散发荣光。他不愿苟活,不愿只关注自己的基本需求而不顾他人,反而培养出一种能进入朋友内心的非凡能力。晚年的泽诺夫回想道:

友谊给人际关系带来新的面向。"另一位"(俄语 *drugoi*)的观念结合了类似与差异,展现出友谊的本质。在朋友(*drug*)身上,我们发现有一个人跟我们心灵很接近,想法和经验都与我们相合,却不是复制人,也不与我们相同。[3]

泽诺夫令我大开眼界,套用诗人阿赫玛托娃(Anna Akhmatova)的说法,使人获得"灵魂的崇高自由",让人不怕做自己!除了泽诺夫,使徒保罗也如同朋友般,一直透过他的书信激励着我,借由文字表达他传福音的无畏精神:"我们既有这样的盼望,就大胆讲说。"(林后3:12)于是,我竭力像泽诺夫和保罗一样,在和别人相处时尽快把握"最重要的问题",相信上帝能够成就超过我们所求所想的。带着这样的盼望,我们能够帮助别人敞开自己,得到信仰的勇气。

154 泽诺夫在出版赞赏陀思妥耶夫斯基的作品《俄罗斯三先知》(*Three Russian Prophets*)之后不久,也向我介绍陀氏;我从泽诺夫这本书的第一章学到,陀氏堪称一流的心理学家,描绘出人类景况的深层角落。在他眼里,小说中的人物"站在犯罪与堕落的悬崖边缘,仍然渴求良善与真理。他们毕生奋斗挣扎；在希望和恐惧之间拉扯。爱与恨相互交织，愿意帮助却又想伤害，两股力量不断在他们心中交战。"[4] 后来，我发现基督徒所处的世界，和陀氏小说所描写的丑陋世界如出一辙；尽管他在作品中终结了环绕"人类进步"的幼稚乐观，但是身为基督徒的我们不一定读懂他的信息，因为我们对事工所能达致之果效做了很多不实际的宣告。现在我听见愈来愈多基督徒发出呼声说，我们的信仰实践是多么表里不一。我们非常强调与基督的位格关系，彼此之间却仍是非常没有人情味。

因着启蒙运动的缘故，社会科学对实在做出普遍性的诠释，使个体被取代，历史要素被忽视；从此以后，人类处境被概而论之，历史的特定性和个人的叙事也被漠视。套用诗人奥登反讽的评论："不可与统计学家一同坐席，也不可从事社会科学。"幸运的是，有些当代的治疗师正试图矫正这种情况。然而，诸如社会主义之类的意识形态却更进一步否认上帝，为了将实在奠基于现世。陀思妥耶夫斯基就是在这一点上，精准刻画出他小说中人物的心理。汤普森（Diane Thompson）评论陀氏最后一本，也是最精彩的小说《卡拉马佐夫兄弟》时，如此说道：

陀思妥耶夫斯基既是一般意义上的现实主义者，也是"较高层意义上的现实主义者"。他能创造出生动鲜活的现实意象（"人间景观"），接着笔锋一转……又将那些意象转为"永恒的真实性"。他将现实与"实在"(Reality)结合得天衣无缝,除非运用蛮力,否则无法将这部完整的艺术作品拆开。[5]

　　陀思妥耶夫斯基在给朋友的信中写道:"没有比这些主题更实际的了"[6](亦即人的不道德、上帝的存在、我们与基督相遇和活在上帝的世界中)。因此,他继续写道,他认为他的写作"不是证道,而是一种故事,一个诉说真实生命的故事。这个故事若是成功的话,我就做了一桩好事:我会迫使人明白,原来纯粹理想的基督徒并非抽象的,而是形象真实,可能出现在我们眼前;还有,对俄罗斯这片苦难大地而言,基督教是唯一的避难所。"陀氏在基督里看见理想和现实合而为一,他选择以佐西玛长老作基督徒现实主义者,来对照象征世俗的马基亚维利理论派的大宗教裁判官。

　　关于《卡拉马佐夫兄弟》,我从泽诺夫的邻居兼友人、虔诚的葛洛丹茨基(Nadejda Gorodetzky)的著作《扎东斯克的圣提康:陀思妥耶夫斯基的启迪者》(*Saint Tikhon of Zadonsk: Inspirer of Dostoevsky*)获得更多的洞见。这本书帮助我领略小说家心目中的基督教历史理念。生于1724年的提康原名为索可洛夫(Timofey Sokolov),曾被提名担任沃罗涅什主教(bishop of Voronezh),四年后辞去主教一职,之后就过着修道生活,直到1783年离世。陀氏提到他时这么说:"要是我能描写一个正面的神圣人物……提康,我在很久以前就满心喜悦地将他放在我心中了。"[7] 陀氏充分意识到,真正的圣洁在于深刻且无私的个体化,于是他又认为:"关于提康最重要的事,就是提康。"

陀氏小说的主题是,谁否认上帝的存在,谁就需要面对俄罗斯最良善的人民,他们以他小说中虔诚的东正教人物佐西玛长老和阿辽沙为代表。但是,提康与陀氏小说中的人物不一样的地方是,他既不是斯拉夫文化优越论者(Slavophile),也没有怀抱俄罗斯的救世使命;相反,他是个单纯的信徒,对基督有着孩童般的信靠,喜爱保罗书信,定睛于永恒,以至于对他而言,死亡不过是为了要拥抱天堂。神学家弗罗洛夫斯基(Fr. G. Florovsky)写道,提康的著作《真基督教》(*True Christianity*)"是(俄罗斯)第一本尝试有系统地阐述杰出的生活神学、实验性神学的作品,这部作品也调和了那些缺乏真实经验的学院派论点"。[8] 提康是俄罗斯首位为家庭提供信仰教导的作家,他本人很喜欢小孩子。他恳求大人谨守自己对孩子的言行,不要伤害他们幼小的心灵。[9]

于是,陀氏以提康为本,将他的理想基督徒形象刻画出来:一个特别的属灵导师,在《卡拉马佐夫兄弟》中以佐西玛长老为代表。即使过了一百年,佐西玛长老的影响力仍然历久不衰,他展现出基督徒生活的奥秘,就是持续与复活的基督同行。如同他对门徒阿辽沙所说的:"世上有很多事对我们是隐藏的,但我们却因而获得一种神秘感。现在活着的我们,与另一个世界、更高境界的天上世界有着隐密的连结;我们的思想和情感根源并不在这地上,而是在另一个世界。"[10]

佐西玛长老在自述中提到,他年轻时担任军官,曾为了维护自己的名誉而挑战另一名军官与他决斗。但是,在决斗前一晚,他从梦中得到异象,认为自己第二天不应该参加决斗。于是,他站着让对手开枪,准备赴死;对手竟未击中他。佐西玛本可抓住机会将对手一枪毙命,但他没有。他转身离开决斗现场,辞职去作修士。大家虽然都笑他,却又爱他,人们可以毫无保留地信任他,尽管他心里有个秘密。

基督徒生命的模糊性即在于异象与叙事的交织。佐西玛对阿辽沙说的话:"你要走的路还很长",也是对我们说的,因为这趟路程是走在异象与叙事之间,爱与嘲笑之间,梦与论证之间,信任与不信之间,天与地之间。当我们从永恒的角度看(*dramas sub specie aeternitaris*),重要的不是事实,而是事实背后的动机。如同西蒙·薇依信主后所说:"树木不是扎根在地上,而是在天上!"或如使徒保罗的祈祷:"叫你们的爱心有根有基"(弗3:17)。这份神圣的爱,确实是在天上!

东正教神学与西方基督教的不同在于,它未曾为启蒙运动的理性主义效力,它所抱持的否定神学(apophatic theology)看似削弱伦理责任,却未曾将个人对属天奥秘的经历与神学的教义分开。洛斯基(Vladimir Lossky)指出:

"表达属天真理的教义对于我们仿佛深不可测的奥秘，我们必须把它活出来，努力带出深层的改变，意即内在心灵的更新变化，以便更能容纳奥秘的经验，而非将奥秘视同我们的理解方式。"[11] 此为佐西玛长老对我们理解"在基督里的生命"所作的贡献：异象与叙事的结合。

今日基督教传递的危机

"没有异象，民就放肆。"(箴29：18)既然教育的本质在于传递，那么若对于未来的故事没有异象，就会导致危机。人必有一死的异象应是基督教传递的一个强烈动机。以色列人没有来生的确据，只能希望被子孙后代记念。对他们来说，传递取代了复活。我们许多人因着多少确信我们的子孙后代会继续走上帝的道路，而感到欣慰。

我对1962年的古巴导弹危机记忆犹新，当时仿佛就要面临一场核灾难了。我就是在那时候决心委身服侍下一代，靠着上帝的帮助以最大的同情心为年轻人做事。这次全球危机也许触发了一种新的人类精神的激进主义，至今已衍生出许多形态，包括对理性主义的反叛。当然，那次危机帮助我彻底思考基督教教育的前景，同时也开始梦想创建维真学院。

基督教传递的危机背后其实是一个更大的议题：历史意识的丧失、不再信任传统权威、缺乏诚信的组织机构、个人的自主性,以及最重要的,在科技世界中对上帝的敬畏荡然无存。许多事情抵消了信仰传递的延续性:家庭的崩坏、家庭单位新兴模式的实验、转变中的女性社会角色,以及各种性反叛形式。一种新的信仰传递模式取而代之,可称之为"相信却不归属"(believing without belonging)。[12] 传统上,罗马天主教教会和新教主要宗派的信仰传递,是以社会为基础来发展、存续宗教文化。不过,妇女革命推翻了传统文化对性与生养的道德观念,导致母亲角色的崩解,而母亲原是宗教家庭价值观的主要传递者。意大利、法国、德国和拉丁美洲的天主教社会学家一致认为,这是与过去一刀两断的举动,尤以近三十年为甚。[13] 最近有一位法国天主教作家用他的书名提问:我们是最后的基督徒吗?[14]

那么,或许在这个历史阶段,我们需要重寻流放神学。因为就像耶利米等先知一样,流放也是我们的文化环境。当我们活在社会环境友善的世界里,会将信仰的传承视为理所当然,而不会刻意传递。可是,一旦社会环境对于信仰变得更充满敌意,真正的基督教传递就要从比较个人的层面着手了。

在今日,基督徒的见证似乎来到了十字路口。绝大多数的基督徒仍然相信组织性和社会性的信仰传递,而无法想象如果抽掉宗教组织、公开教会、神学院、大型特会和各种宣教事业,现有的基督教会变成什么样子。然而,如前所述,这些努力大多造就了公共事奉中的超现实主义,将焦点

159

摆在大众传播上。不过,传递信仰要想更为亲切,所需要的是个人对上帝的经历和对此经历彻底的回应,以致内心最深处被触动。这样的传递是在关系中进行,体现出一种整全的信仰和信靠的生命。

过去的教会成员普遍认为,只有神父、牧师或教会领袖才能拥有与上帝亲近的经历,而且一般基督徒不太需要参与信仰的传递。或许大家并未深入了解上帝所说的话:"父啊,天地的主,我感谢你! 因为你将这些事向聪明通达人就藏起来,向婴孩就显出来"(太 11:25)。犹太教的圣殿体系倒是真的把这些事"藏起来",不让那些传扬耶稣教导和传递他的爱的老百姓知道。尽管如此,奥古斯丁认为"每个人的心里面都住着那位主"。[15] 我们每个人都直接向基督负责,而且都需要培育和引导,好叫信仰的传递变得更亲切。要做到这些,我们需要更深地认识上帝,进而认识自己,并在各种关系和情感上经历福音的和好特质。除此之外,我们还需要明白,人要察觉到,现实地活着,不仅是活在世上,更要接受那位永活的、有位格的上帝。因着耶稣基督的复活与升天,我们得以靠着圣灵与上帝亲密同行。但是,组织化的宗教却倾向于将这双重实质中觉得会冒犯人的内容挪去,又以自己机构的实用主义来取代圣灵。

在现代世界的消亡中,尽管文化已然呈现断裂,我们仍要传递关乎人类的基本价值观。我已看见一种新的"壁垒"在所谓的自由世界中占据人心。世俗化横扫北半球,基督

160

教人口据点朝着南半球移动,形而上观念的系泊处已然丧失,正如陀思妥耶夫斯基的预测:假如上帝已死,一切皆可允许。全球化带来了极大的不确定性,失去过往历史也使我们盲目,将自我缩减到只剩下科技意识。这些趋势正在将我们熟悉的标记——移除。

以古典教育来传递

近来,此危机已促使一群教育哲学家推动回到古典公民教育的"派代亚计划"(the *paideia* project)。[16]"派代亚"一词原意是希腊城邦中为较优渥家庭提供的教育训练,让男孩在接受一段漫长而全备的个别指导过程后,成长为有见识的好公民。这个过程背后的动机是神话中的诸神会守护指导人类,好比守护雅典文化的雅典娜女神,会指示和照顾雅典人。

然而,亚历山大大帝迅速拓展希腊化时代的帝国疆土,堪与今日的全球化相比。人类存在的规模随之大幅扩展,于是聪明的希腊人(如西塞罗)必须重新思考,自己不仅是小城市的公民,而是一名世界公民。诚如柏拉图所言,希腊化教育灌输的个人文化——以人为万物的尺度——如今看来像是"必朽之人所获得最宝贵的恩惠",是人余生拥有的"上好"价值。[17]倘若派代亚教育在过往的焦点是(现在仍是)公民利益,那么初代的基督徒作何回应?

生活在派代亚文化中的新约圣经作者,将个人指导的观念作了进一步延伸。他们指向耶稣基督,让他成为我们独一无二的"派代亚"。基督的确应许门徒,圣灵会作他们的保惠师(Paraclete),成为他们的"派代亚",并在他们生命中动工。对基督和内住之圣灵坚定不移的委身,不仅影响后来的沙漠教父建立他们独特的生活方式,也引导中世纪修士建立修道院制度。相较之下,我们当代基督徒的委身显得苍白无力,于是现在有些人在寻求更热切、更个人的指引——或许是心灵导师、心灵密友或属灵导师的指引,为了更严肃地面对自己的呼召。因为如果我们的福音派精神不回到根本,而是变得更政治化,那么我们对信仰就会变得随便、反复无常、思想分裂又虚伪不真。要是这样,当信仰传承到下一代,下一代却难以维持,我们也无须惊讶。

初代教会及家庭从两方面获得信仰的教诲:个人和群体。[18] 使徒保罗十分关心父母如何教育子女(弗 6:4;西 3:21),初代教会也指派教师去教育初信者(徒 13:1;林前 12:28;弗 4:11)。一世纪末,罗马的克莱门(Clement of Rome)已经使用"基督教教育"一词了。后来,克里索斯托(Chrysostom)详加阐明父母应如何教导子女,并且建议全家共餐之时为很好的起点。公元二世纪末,教会要求预备受洗者接受为期三年的信仰教育见习。之后,奥古斯丁阐明"如何开始宗教教育"。然而,直到古罗马晚期结束以前,基督徒仍是个别接受教育训练。马洛(H. I. Marrou)指出,基督教学校至中世纪才开始发展。[19] 或许我们需要回溯起点,回到偏向个人的教育模式,结合异象与基督受死又复活升天的叙事——那才是基督徒生命的根本。没有委身就没有传递,没有坚持的委身就没有真正的传递。

我曾在二十世纪六十年代初期面对这个呼召的挑战。有一位出身宣教士家庭的牛津大学学生告诉我,他的信仰似乎与生活毫无相干,而且没有意义。再加上他爱上了一位非基督徒女孩,也考虑与她结婚。我和他约定每周五一起午餐,如此维持了一年。理性的辩论对他似乎没有用,因为他"什么都知道",但是他自己的内心既阴郁又寂寞,对于基督徒朋友的委身、关心与不住的祷告,他心为所动,不过他并未因此而被说服。后来他自愿申请到南极从事气象相关的工作,在那里他可真的是独自一人跟上帝在一起,一年只有一次机会收发邮件。

两年后他回来,完全变了一个人,虔诚委身于基督,并且正在成为重要的基督徒领袖。这件事深深鼓励我继续在维持忠诚与信赖关系的情况下,不住为他人代祷,也在他们处于绝望之时,委身陪伴他们走过谷底。如果我们与他人的关系时断时续、肤浅、冷酷,而且缺乏同理心,那我们其实不能够为他人祷告。如果我们没有将真理丰富地存在心中,并在亲密的关系中怀着同理心将它表达出来,就无法将我们自称相信的那些价值观传递给别人。

家父十分钟爱"以诺与上帝同行"(创 5:22)的观念,这句话如今刻在他的墓碑上。他从这句话想到其他几位信心之父：挪亚也与上帝同行(创 6：9)，亚伯拉罕蒙召行在全能上帝面前(创 17：1)，这些个人的经历象征以色列的圣约生活，从出埃及到进入应许之地，然后到流放异邦。这段信心旅程的引路之光是对上帝的敬畏；敬畏上帝是智慧的基本原则，这个原则让我们活出经历上帝的整全生命。[20]

同样，我们在寻求自身异象的旅程中所需的引导(无论是内在的还是外在的)，都要委身于圣约的生命。因为如果智慧是将知识有效地应用到生命情境中，那么思想和行动、言语和作为就不容许有表里不一的情况。智慧的教导者必须具备敬虔的正直品格，家父在这方面是我很好的榜样，激励我起而效法，也帮助我看见，许多今日文化上的精神分裂主要原因在于无父，好比一整代的以实玛利在世上游荡，在道德的旷野里无人庇护。

耶稣使用的"阿爸，父"一词，是否为以色列的祈祷生活中独特的称谓，对此学者众说纷纭并无定见。[21] 不过，这个称谓当然是独一无二的！唯独神子能使我们放胆说出主祷文，因为只有他能教我们祷告。我花了许多年默想主祷文，这段祷文使我更具体地明白属灵儿子身份的意义。儿子的身份使我们了解，门徒训练在四福音中都居于显著位置，并由我们神圣的主亲自教导。然而，新约各个作者在同一福音的延续中，也使用不同的背景、不同的方式来阐明门徒训练。所以，今天我们每个人也都要保持足够的弹性，来面对各种环境和偶发状况，好使我们的信仰传递充满活力，并可以激发他人。"是这样，但也是那样"的辩证依然持续，因为我们愈住在那位"蒙爱者"里，就愈能笑看基督徒生命中的吊诡。

我们能够像《诗篇》作者一样，在情感的完整范畴内挥洒生命，有时沾沾自喜，接着痛苦迷惘，之后又在心灵深处重新获得方向。与此同时，我们除了按照日常节奏走过年岁生命的四季，也按照上帝进入我们世界的神圣节期而活。身为人类的我们拥有许多重复的节奏，好比吸气呼气，睡下醒来，吃喝禁食，相爱和生育，养育子女和放手让他们自由发展，我们的灵命也是一样。借由守圣餐、庆祝主显节（Epiphany）、降临节（Advent）、大斋期（Lent）、复活节、五旬节、耶稣升天节（Ascension）和诸圣节（All Saints' Day），我们的灵得以滋养培育。我们的身份确实是安息日的身份，所以在七日中的那一日，我们停下周间的俗世活动，感谢那位创造及拯救的主。年复一年，牧师带领我们不断强化属天启示的实在，为使我们得以改变，愈发合乎基督的形象。我们的儿女也会观看、模仿，并且延续家族的礼仪，效法父辈的行为。不过，若是灵性节奏在时间上反复无常，或是因言行不一在道德上变得软弱，那么与过去的连结就无法持续了。

尽管以色列文化成为使用文字的文化，口头传递对于以色列人的生活仍是至关重要的。无论朗读圣经的是祭司还是父亲，口头传递的行为都是位格性的。讲道的口述传统也留给我们丰富的遗产，包括印刷品在内，因为我们至今仍能展读诸如多恩（John Donne）、清教徒们、卫斯理（John Wesley）、司布真（C. H. Spurgeon）等人的讲章而大受激励。就连巴赫的清唱剧都是为了配合主日证道而创作的，因此演奏起来格外鲜活，又多姿多彩。[22] 在当今的世俗化向全球蔓延以前，这些传递方式一直保存在国家和民族的架构之中。

属灵导师的传递

属灵的父亲（希腊文 *staretz*），亦即陀思妥耶夫斯基笔下的佐西玛长老，是以身教来传递信仰。如果你很想成为这样的导师，请多查看你所信任的某人的表情，因为我们的表情很容易拒人于千里之外。之后，留心他或她的仁慈，此人是如何腾出空间让受指导者洞悉自己？泽诺夫的学术继承人威尔（Kallistos Ware）指出："属灵父亲的任务不是去破坏一个人的自由，而是去协助他看清自己的真相；不是去压抑一个人的个性，而是去使他能探索自己，成长至完全成熟并且成为他真正的样子。"[23]

属灵导师是医生、辅导者、代祷者、中保和支助者。作为医生，她处理罪的疾病，促成认罪以协助清除内心的毒素；她以怜悯为心灵之恫提供医治，以正确的诊断带给病人

165

盼望。作为辅导者,属灵导师协助厘清混乱的情绪,以合宜的话语使人获得洞见并重新调整方向。作为代祷者,她则奉基督的名祈求释放、和好、复兴和灵性更新。虽然唯独基督是我们的中保,但是心灵之友能在具体的关系中与基督同工。而作为支助者,属灵导师是分担重担的人(加 6：2),协助承担颓丧之人的挂虑和忧伤。

在这灵魂关怀的服侍中,最重要的恩赐就是分辨力(希腊文为 *diakrisis*)。我们提供真正的引导时,必须具备无私的态度,因为我们如果在聆听心声时正确地运用分辨力,就需要走进他人心中并接受其独特性。因此,最根本的目标是分享与基督一同藏在上帝里面的生命,凭着爱心,并且倚靠那使我们在上帝里面相互连结的圣灵来传递真理。若是这听起来很神秘,像是一种秘境,那么下列实际见解或许对你有所帮助。

虽然在致力营造良好的人际关系时,没有人是完全客观、纯净或纯真的,但是这个缺点可以给我们一种"后见"之明。当我们遭遇消极的冒犯而产生过激情绪反应时,我们会开始明白这个过激反应往往是过去关系上的伤口所致。在这个过程中,我们可以深入了解自己;事实上,我们开始发现整个关系的历史都反映在现有的关系上。更深的自我认识能让我们在社交上变得更敏锐、更有智慧,甚至能帮助我们认清,为何听到"要读经、祷告"的劝勉会引起负面的反应;也许那令我们想起以前父母或某位严格,甚至凶悍的主日学教师曾规定的灵修生活。

　　我们在建议别人应当如何行的时候，如果不能分辨他们内在状况严重到什么程度，是什么让他们喜乐或愁苦，就只会白费许多力气。理解他人的动机和背后的驱策力，有助于我们一方面分辨其成瘾行为，另一方面看到可能的成效。不过，我们也需要拒绝从刻板印象骤下判断。比较好的做法是，永远以祷告的心聆听他人，同时提醒自己，每个人都拥有上帝所赐的独特身份。此外，我们也必须拒绝过于依照功能性来评断别人，那是我们在科技世界容易抱持的态度。上帝可不是要我们活得像宇宙大机器中的一个小齿轮。

　　作为属灵导师，我们还必须记得：受到社会赞赏的行为往往是补偿性行为。那些被别人视为我们的恩赐和长处的行为，实乃反映我们想要自我救赎的企图。举例而言，从小孤单的我出于补偿心理而变成喜好阅读的人，后来我在学术上颇有所成。另一个人可能从小觉得不受注意而变得外向，以公开行动来吸引人注意。无私的助人者、自信果断的人、善于分析和自我引导的人、灵活与容易共事的人，都可能是个人经历的过度补偿作用所带来的结果，他们的个人长处沦为了性格弱点。我们在这些情况下担任救赎者，却发现自己的行为丝毫不能带给别人生命，无论我们在公众眼中是多么成功。相比之下，保罗的神学是"我什么时候软弱，什么时候就刚强了"（林后 12：10）。我们软弱时比较会寻求上帝的帮助,求上帝厚施恩典与他人,因为晓得源头是上帝,而不是人。罗马帝国最富有的女人普罗巴(Proba)问奥古斯丁:"我要怎么祷告呢?"由于她是寡妇,奥古斯丁便提醒她,成为属灵意义上的寡妇——因匮乏急需上帝的帮助,才能发出真正的祷告。所有真正的祷告者都是属灵意义上的寡妇。

在这过程中,我们发现自己的软弱能成为灵命历程的罗盘。当《天路历程》中的基督徒承认他不知道该往哪里走,就获得指示,只要定睛看那亮光,跟着光走。同样,我们能够获得从上帝而来的指引,是因着我们的不确定、不足、怀疑和恐惧。我们不否认或忽视自身基本的软弱,而是借此更热切地寻求上帝将他的救赎恩典赐予我们。当我们在属灵旅途中举步维艰,罗盘就会指向上帝恩典的所在,使我们最深的需要获得满足,这好比定睛于远方的亮光,继续前进。我们借着承认自己的成瘾行为,便能因着与基督亲近,得着改变与更新。参孙的谜语确实能带给灰心者极大的盼望:"有一群蜂子和蜜在死狮之内"(士 14:8);没有什么比万兽之王更凶猛致命,但是,也没有什么比蜂蜜更甘甜滋补!

属灵友谊是与基督相伴同行的友谊。它不只是提出忠告而已,虽说我们都需要智慧,将福音应用在日常生活上。它反倒更像作个伴奏者,老师给学生伴奏,使音乐获得更大的音域,更好的品质。祷告是另一种形式的伴奏,好比某个结识那位"永恒之友"已久的人,激励刚起步者一生与上帝亲密相交。如此一来,无论我们感到孤寂还是得到安慰,我们所有的情感、抱负和委身,都能被基督谱成一首新歌。套用清教徒波尔顿(Robert Bolton)之言,心灵之友是在"自在地与上帝同行之中"给予指引的。我按照字面的理解发现,与害羞的接受辅导者清早一起散步,是帮助他们的好起点。在象征的意义上,我们有时也在花园里、旷野中,甚至在心灵的黑夜中行走——那是我们最需要属灵朋友的地方。

奥古斯丁的记忆与诗篇 168

本书一系列的反思都带着奥古斯丁的影子。虽然他并不是自传文体的创始者,但他借着全人致力于研读《诗篇》而扩大了个人内心世界,这份投入确实是前无古人后无来者。在二十多年的时间中,他日日默想《诗篇》,每周讲道也讲《诗篇》。奥古斯丁认为,借着将《诗篇》存记在心,我们就能重新活出那些篇章,经历个人的延续,也更深了解自我。要做到这一点,我们需要将圣经情节的意义融入个人的叙事之中;因为那些情节不但对于我们的处境有意义,而且会巩固那些我们渴望在生活中更充分体验的价值观。

如此说来,真正的自传不是人生高低起伏的记事,也不是事件和自我成就的记载。如同奥古斯丁在《忏悔录》中所写,真正的自传反倒是一个人在天路历程中面临十字路口时所做出的伦理抉择，加上我们或依循《诗篇》作者的选择去行，或不照着去做而承担后果。自传是回顾许多无法挽回的起程点，而且写的内容若不是个人经历过的生命，文学上就没有可取之处。因此，奥古斯丁将记忆视为既是存在(being)的状态，也是成为(becoming)的状态。

当然，奥古斯丁在这方面并非特例，因为使徒保罗在书信中已经发展出这种自传的手法，来帮助信徒。由于保罗受教于著名的迦玛列拉比学校，他的记忆里当然充满圣经经文。不过，当遇见复活的基督时，他才恍然大悟：若没有基督的受死、复活和升天，律法并不能带给人救赎。如今，透过基督耶稣而显明出来的上帝的义是在律法之外运作。保罗之前所认识的律法、弥赛亚、《诗篇》和旧约先知的应许，都因着他归信的记忆而更新改变，这个记忆塑造了他整个未来。

使徒保罗原是"法利赛人中的法利赛人"，全心投入的宗教改革者，直到他发现自己跑错了跑道。奥古斯丁原是雄辩的修辞学家，擅长运用言词与口才，但他也发现人生并不在于功成名就，而是要在上帝面前修正、重写、重新定义。因着叙事者的改变，叙事也跟着改变。因着经历有异象的新生命，原本为叙事而叙事的故事内容也得着更新。记忆能因着缺乏使用而变得支离破碎，也能因着使用而被重塑，诚如奥古斯丁所说："正因我拥有在过去记住的回忆，所以将来我会用记忆的力量唤回它。"[24] 所以，记住的经验如此意义重大。

奥古斯丁在《见证》(*The Testimony*)一书中指出:"当我们说未来或过去是存在的,或说有三种时间,过去、现在和未来,其实都不太恰当。也许我们可以说有三种时态,但应该是过去的现在式、现在的现在式和未来的现在式……灵魂的三合一……回忆……观察……期待。"[25] 由此而论,最能捕捉我们与上帝的记忆的莫过于圣餐,这个仪式也深深改变了我们的未来。对奥古斯丁而言,上帝临在于我们生命即反映他三位一体的本质:圣父(记忆)、圣子(理解)和圣灵(意志),不是三个生命,而是一个,所以活在过去就是接近起初,同时朝向未来。现代思想认为记忆是多变而不可靠的向导,但对奥古斯丁来说,所有的记忆都是一个建构的过程,不是为了制造幻想,乃是借由反思过去——自己和信徒群体的过去和现在——而长大成熟。我们逐渐习惯于按照记忆的吸纳而行动。借由记忆,我们再活一次。

170

可悲的是,今天我们想到纪念活动,只会联想到故人与坟墓。不过,卡拉瑟思(Mary Carruthers)可不这样想。她追溯中世纪意识,发现其中充满记忆:"让过去的声音进入现在,既不埋葬过去,也不埋葬现在,而是在记忆中给予二者共同的位置。"[26] 如奥古斯丁所说,上帝先于人类的记忆,事实上,先存于人类各个层面的想法,所以我们的第一笔记忆应该是:"上帝照着他的形象创造了我。"

中世纪意识充斥着一种想法,就是记忆力特佳的人,自然而然会被视为伟大的学者圣徒。纪伯纳(Bernando Gui)和瑟兰诺的多马(Thomas of Celano)论述伟大的托马斯·阿奎那时写道：

> 他的众多著作、许多原创的发现，和对于圣经的深入了解，都充分证明他拥有精微超绝的才智，以及合理正确的判断。他的记忆力极强，记的内容极其丰富；他有过目不忘的本领，他内在的知识不断增加，就像写书似的一页一页累积。……每次他着手研究或争论某一观点，或准备讲章、写作、口述之前，必定先在内心求助——并且都流着泪水——祈求上帝赐下该主题所需要之话语和理解。遇到难题而困惑不解时，他会跪下祷告，然后再次重新写作或口述；他每每发现自己的思想变得十分清晰，仿佛心里有一本书，他所需要的话语字句都写在上面了。[27]

阿奎那仰赖记忆的方式，便是以倚靠的祷告仰赖上帝。信心就是这样传递下去的。我们对上帝的记忆，会被我们的子孙，以及子孙的子孙所吸收。那是所亲爱的人跪着祷告的记忆。

171　　当所有的记忆都消失，所有的身份认同感也会随之而去。一个没有记忆的人，是在跟过去之间毫无牵连的现时中飘荡。在文化与宗教的失忆状态下，我们失去了过去所有与宗教、艺术的连接；城市中央的大教堂所扮演的角色、但丁和莎士比亚作品中众多指涉圣经经文之处,甚至是教会年历的节期,都被我们忽略了。然而,当我们让圣经成为人生旅途的关键路标,成为我们脚前的灯、路上的光,那么在其中寻得的记忆表明我们仍与彼此,也与逝者一同住在群体之中。

如同奥古斯丁所言:"当我回想曾经做过的事,在何处、何时,以及我做那件事时的感觉——就会在那里撞见自己。"同样,我们潜入记忆,就会成为观察者和被观察者。于是,我们懂得更敏锐地对待他人,也学习在分享自己记忆的时候,鼓励和帮助别人成长——因为群体就是由共同记忆所建造的。奥古斯丁说:"我们愈在爱中相系,就愈能进入彼此的心意,哪怕再古旧的事物,都能再次转变成新。"[28] 记忆的确是通往彼此之路,一如救恩的记忆是我们通往上帝的道路。那是出埃及的记忆,基督上十字架、复活与升天的记忆,也是五旬节的记忆。因此,我们拥有何等光荣的责任和特权,能传递这份荣美的信仰!

跋
在基督里一起长大成熟

某些作家讲到他们的著作时，总说："我的书""我的评论""我的历史"……他们像拥有自己房子的中产阶级人士，总是把"我的房子"挂在嘴上。他们应该说"我们的书""我们的评论""我们的历史"比较好……因为在那些著作里，别人的东西通常多过他们自己的东西。

——帕斯卡尔，《思想录》

在我生命的历程中，写作活动仍是，且永远是次要的，因为它是不得已而求其次的工作。在我人生的中心有一个完全不同的关注点：更新教会的任务。

——巴尔塔萨，《我的工作回顾》

直等到我们众人在真道上同归于一，认识上帝的儿子，得以长大成人，满有基督长成的身量。

——《以弗所书》4：13

❋

个人的信念总是不完全的,这就是为什么本书仅收录六章,而不是七章！这也是为什么我没有用分析法,而是选择辩证文体写作。因为对话体是社会性的,而分析则是独自的尝试。我们已探讨过为何就信仰的传递方面,个人性的方式比遵循常规的做法更有果效。个人性可以渗透到他人的生命中,一般化则无法达成同样目标。在《卡拉马佐夫兄弟》中,佐西玛长老提到一位常来拜访他的陌生人。佐西玛对这人有种"非常强烈的信任感",他感觉"这人灵里有某个特别的秘密"。后来,这位陌生人主张反对盛行于社会上的离群索居,它使得"现在每个人会花最多的力气使自己与他人分离,只想在自己的里面体验丰富人生；然而,这一切努力带来的并非丰富的人生,而是……完全的孤立"。[1] 不时有人突破时代精神,借由彼此相交的团契将灵魂从孤立中拉出来。因为我们在孤单的狐洞里并不安全,所以我们必须尝试与整个人类经验连结。

我常发现我原本以为是私密的"我",结果却是普遍的"你"。许多所谓私人的回忆,比如我在本书中分享的几件事,其实早就存在于我们周围的环境中,成为人类共享的普遍经验。真相是,那些我从别人身上吸收过来的东西,早已成为我自己的一部分,以至于我常忽略来源,甚至忘记自己当初是如何受到他人的启发。倘若以为自传(autobiography)是独立自主的自我的产物,我们就是犯了理解上的错误；我们应该称它为"社会传记"(sociobiography)。因为诚如多恩所言：

"没有人是一座孤岛"；帕斯卡尔也认为诸如"我的书"之类的话，其实都是谎话，因为作者已经忘记他从别人的思想撷取了多少果实。柯勒律治于其诗作《自知之明》(Self-Knowledge)中提出了更直率的看法：

喂，你能制作你自己吗？
先学学这门手艺吧；
或许你碰巧能知道自己是由什么制成的。
人哪，你凭什么竟敢那样称呼自己？
人哪，在你里面有什么，是能被知道的？……
可怜虫的无用姊妹，生、死、灵魂、土壤
勿要理会自己，而要竭力认识你的上帝！

当然，使徒保罗之前就暗示过，基督徒的成熟绝非只是个人的成熟；就像圣父从不会单独行动，圣子也不会单靠自己，而圣灵也不会以自己的名义行动。此三位乃一上帝。事实上，三一上帝是"与他者(the Other)同在"的，他借难以理解的方式与受造万物和人类连结，他是以马内利，上帝与我们同在。圣经中的上帝并不是孤立的单一体，因为他本质上是群体性的，而爱是他的存有。上帝是爱，爱是从上帝而来的。所以，基督徒生命虽是个人的经验，却也是共同的实在。唯当我们与圣徒相交，才得以"长大成人，满有基督长成的身量"(弗4：13)。

或许我们应该考虑把每年 11 月 1 日的万圣节,当作基督徒年历上最神圣的日子。这个日子标示了基督徒故事的顶点,从主显节开始直到五旬节之后,上帝的旨意——实现。而最能充分表达上帝旨意的,莫过于我们主所作大祭司的祷告:"使他们都合而为一。正如你父在我里面,我在你里面。"(约 17:21)这合一就是借由圣子、靠着圣灵,基督的身体与圣父相交,在其中,爱被显明、经历和分享,那是爱中的真理。换言之,只有在爱中才能经历到真理。因此,真正的神学教育必然带出群体,一个表达三一上帝的爱的群体,因着向三位一体的奥秘敞开,而自然流露出他的爱。

个人传递的重要性

有些读者可能会觉得,我对基督教学术领域与教会事奉中的专业化向来过于苛责。从专业的角度来看,执行严格的规范标准是必要的;但是,基督教信仰像其他人际关系一样,没有人能在爱上帝并以上帝为乐的事上自称专家。穿上实验室白袍,把信仰放在专业显微镜底下检视,终究会把我们逼疯。虽说大学和诊所都有它们的意义,但是说真的,关于做母亲,我们需要拿个博士学位吗? 关于友谊,我们需要有个硕士学位吗? 一旦让专业溜进事奉当中,就等于让技巧和方法取代了爱心。甚至更糟糕的是,我们在日常生活中失去了上帝,导致愈发需要人为的专业。我们塑造了一个"专家式"的文化，因为我们的生活需要权威人物，来取代已被文化否定的上帝的权威。再加上个人主义对社会的鲸吞蚕食，我们被迫成为以"专业"为中心的部族，好弥补所失去的社会价值。或许因为许多其他的缘故，今天我们不得不紧紧抓住"专家"不放，好在这把我们吞没的重大变迁中存活下来。有时结果还颇令人莞尔，如同路易斯所说：

相信我们都曾有过类似记忆，(在学校)当你带着问题去找一位大师，他很可能解释一堆你已经了解的，再加上一大堆你并不想要的信息，而对你真正困惑的部分却只字未提……同学提供给你的帮助可能多过大师，因为同学懂得比较少；我们希望他解释的难题正是他最近碰上的难题，但是专家在很久以前遇过，以致现在忘了那个问题。如今他所看的是主题的全貌，因为角度大不相同，造成他无法理解究竟困扰学生的问题在哪里；他看到其他十来个应该会困扰学生的难题，但学生一点儿也不觉得。[2]

我常从学生口中听到这样的抱怨：他们想要一杯冷水，我却打开消防拴！专业化的倾向会扭曲信仰对"关系"的关注。就这个问题，最近有个朋友发给了我一句妙语："侯士庭，别忘了，造泰坦尼克号的是一批专业人士，造方舟的却是一名业余人士！"因为专业主义是无法处理生命奥秘的——那是先知的任务。伊里奇（Ivan Illich）就曾提出，在基督教最初两代的信徒中，每个群体中都有一位先知。[3] 那时大家都晓得，有一件前所未有的新事进入了人类历史，就是"道成了肉身，住在我们当中"。至今，道成肉身依旧是个待解的奥秘，所以就连像泰勒（Charles Taylor）这样的社会哲学家都发现，若不明白西方世界与基督教在过去的关联，没有人能解释当代西方的世俗主义。今天，我们仍然需要先知将焦点放在生命的奥秘上，并且对体制的既得利益提出抗议。此外，当最好的事物被扭曲成最坏的时，我们也需要先知来提出异议。好比为了增加传福音的果效，而使用更多的工具和科技，或是把**授权**这样的词汇挂在嘴边，都有类似的问题。正如机敏的莎士比亚早已晓得：

因为最香的东西腐烂后反变为最臭，
腐败的百合比杂草更令人难以忍受。

我相信我们生活中最主要的行动并不是专业上的追求，甚至也不是写一些有意义的书，而是与他人面对面的相遇，成为"活的荐信"，将上帝的临在带到他们的生命中，如同使徒保罗所言。日常工作被打断的时候，我们就会再次被提醒，只有想法而没有行动是毫无意义的，只有行动却没有友谊的栽培也是徒然的。尽管如此，我们也要小心不至于想在友谊中经营"事工"；那会变得自我意识过强，甚至有

177

操纵之嫌。诚如苏林(Richard Thulin)所说,个人沟通中有三件不合宜的事:自恋(宣告自我而非宣扬基督)、个人主义(一种老是指向自我的怪癖倾向,别人在其中无法与我们建立连结)和孤立主义(沟通者和可能的接收者之间切断关系)。[4] 反之,沟通的主要目标在于"彼此劝慰,互相建立"(帖前5:11)。

保持单纯的态度付诸行动有助于得着心灵平静,亦即每时每刻单纯地住在上帝的临在中;这样一来,我们会领受一种油然而生的善意之灵,认定他人是与我们同蒙上帝恩典的伙伴,与他们一起分享、互相合作。考验"基督教事工"是否真实的一个方式,就是看我们是否愿意与他人分享上帝的恩典,甚至把它传递给别人。如果我们独揽机构的力量,又使机构少不了自己,就是明显表示在紧抓着专业主义和成就不放。家父生前很喜欢引述李文斯顿(David Livingstone)于威斯敏斯特教堂(Westminster Abbey)坟上的墓志铭:"上帝让他的工人躺下,但让他的工作持续下去。"

具备历史的眼光

有人说尽管我们期待未来,却是从过去学习,这就是为何与圣徒相通如此重要。倘若我们一直活在对未来的期待里,就会变成与历史毫无关联,只知道从科技的角度看事情，最终在道德上盲目。与过去——初代教会、十二世纪、宗教改革，甚至是十九世纪——的关联稳固，会帮助我们获得更深刻的见解。

十二世纪时，当初代西多会开始改革运动，重大的改变逐渐发生：个人兴起、女性能够自由地选择丈夫、友谊的重要性，以及重新渴慕经历上帝的爱。此时，修士们再次发现友谊的角色。圣伯尔纳、他年轻的好友艾尔雷德（Aelred of Rievaulx）以及其他人，开始在修道院文化之下培养属灵友谊，并且受激励在不同的社会层面传递上帝的爱。他们好像但以理，在修道院里彼此激励与上帝相交；好像挪亚，一起努力拯救世上的灵魂；又好像约伯，在世俗网罗最明显之处提供属灵支持。[5] 也许我们不赞同他们对阶级制度的某些划分，然而，当年他们那么认真地选择深耕友谊，实令我们惭愧不已。

今天和当年一样，对真理的追寻是以友爱（philia）的成长为前提的。这样的环境将崭新见解的烛火点燃，使之个人化，并且分享出去。讲员或教师走下讲台，将人们聚集成一个圆圈，邀请彼此分享个人的见解——大家一起擘开真理的饼。在道德冷漠的机构里，我们会说"我的学生"或"我的教区居民"，但是作为一间受托付的机构，艾尔雷德启迪我们展开这样的对话："我们在这里，你和我，而我希望还有第三位，就是基督。"[6] 这就是为什么晚年的我并不从"自传"的角度思考，而是从许多友谊想到它们丰富了我的人生。

诚如伊里奇所言："你不能为友谊立传——那太个人性了。友谊各奔各路,时而交会,时而平行。"[7]

加尔文的辩证神学

有些改革宗的朋友可能对我强调辩证法感到不自在。多年前我和友人卡尔·亨利(Carl Henry)辩论,那时许多福音派人士在传递信仰上都明显强调命题式(propositional)的真理。然而,加尔文这样睿智的导师却采用了辩证法。许多人把加尔文与奥古斯丁并列为西方教会最伟大的教父;他们在那个时代处理的文化问题,我们现在依然需要面对。受过律师训练的加尔文写下了《基督教要义》(Institutes of the Christian Religion),留给我们关于基督教教义最完整可靠的一部书。他在书中履行信仰受托人的职分,并以深刻的神学见解批评宗教组织,而当时正值中世纪进到现代世界的转折点。

我们可以将加尔文提名为在变迁世界中勇于突破文化,并且为上帝的真理作见证的那一位,一如佐西玛长老所描述的。中世纪经院哲学安于托勒密的宇宙观,相信所有天体都围绕着地球运转;后来,"日心说"及新世界的发现粉碎了这份自信。十六世纪和之后的时代盛行皮埃尔·拉姆斯(Pierre Ramus)的教育观念,将知识系统化并加以分门别类。[8]拉姆斯将修辞简化为纯粹的技巧,又将发明、辩论和整合的概念分配到哲学领域。理性与伦理学分了家,自此伦理学便摇摇欲坠地挂在神学上。在拉姆斯之前的加尔文很讨厌系统化和抽象的思维,他得出的结论是,人类永远不能凭理性来认识福音,也不能将基督徒生活简化成分析性的和百科全书式的思想。不是靠归纳分析,而是靠参与式的认识,人类才发现上帝是以马内利的上帝,上帝与我们同在。

参与的奥秘就是信仰的核心。基督成为我们的中保,是因为他的本质是在三一上帝的里面,但是加尔文指出,参与的奥秘并不是到我们这里为止。由于罪的缘故,基督使我们与父上帝和好,但作为共同的创造者,他也是一切受造物的中保。同样,加尔文也视圣灵为参与其中的代理者,因为"我们靠着他得以参与在上帝里面"。[9] 为了使创造者和受造物在恩典的参与中有正确的关系,加尔文将二者划分得很清楚。虽然罪使我们与上帝隔绝,但无法胜过上帝本身的存在,因他就是以马内利。虽然加尔文以上帝的超越性来抗衡对安逸的中世纪敬虔主义的滥用,但他也主张:"受造万物的适当状态,就是与上帝保持亲近。"[10] 他所强调的上帝的超越性,是确立上帝能自由地选择与他的受造物建立相交的生命;因此,上帝的至高无上并非意指距离,而是真实亲密关系的基础。

同样,基督是那首生的长子,不是按时间顺序,乃是就关系而言,他是上帝的儿子。这种从亚里士多德式的本质移转到关系上的存在，是一项重大的变革。加尔文不以事实依据，而是以关系的角度来阐释人性的本质，因此他发展出一套"神学的人类学"，主张是上帝，而不是某些自然成因为人类下定义。[11] 所以，加尔文坚决抵制当时开始盛行的论点，意即将"本质"自身当作一个实际的类别。本质是一种关系性的实在（relational reality）：[12] 它若不与上帝相通，就必与上帝隔绝。加尔文在早期的著作中就已经在教导这一点。

在这个方面，加尔文追随文艺复兴时代的基督教人文主义传统，将教义视为认信，而非教条主义，因为其目标在于寻求与上帝相交。诚如与但丁同时代的彼特拉克（Petrarch）所主张的："如果知道什么是美德却不爱它，那么光知道又有什么用？如果认识罪却不恨它，那么光认识又有什么用？"[13] 然而，在三位一体神学上，加尔文钻研得比奥古斯丁更进一步，因为中世纪末期的"唯名论"（Nominalism）已将上帝自身的存有与他在救赎历史中的行动一分为二。加尔文没有跟随拉丁教父，而是和卡帕多西亚教父（Cappadocian fathers）一致肯定，三一上帝没有所谓非位格的"神圣本质"，而是借着相互内住，以及圣父、圣子、圣灵三个位格之间的相交团契，伸手引领我们进入这救赎的相交关系之中。

如此而言，加尔文并无一套神学"系统"，因为道成肉身和升天就是他的范式（paradigm）。耶稣基督结合了神性与人性,提供给我们两种认识上帝的方式,而加尔文以此提出"可以区分却不可分割"(*distincto sed non separatio*)的观点;其中包含的两种移动——上帝在基督里的俯就,以及人的尊严在基督里的提升——是加尔文为上帝的启示而献上的赞美。如同前六章所述,这些仍是今日基督徒生命中的张力规律。我们的生命拥有凹凸起伏、上下波动,以及正面反面(作为罪人的我们需要翻转心态才能信主)的韵律。不但如此,上帝和世界、上帝和人都不能够脱离彼此。虽有时间,但也有永恒——时候满了,永恒的上帝必到来。虽有上帝的预知,但也有人的自由。虽然我们属世的生命是暂时的,但我们属天的盼望是确实的。

得时与不得时

在本书的一开始,我们看到世俗人本主义的文化海啸正在横扫全世界,使得所有基督教传统地标面临被移除的危险。在亚略巴古与雅典人辩论的使徒保罗和当时斯多葛学派、伊壁鸠鲁学派的异教徒哲学家之间的共同点,比我们与今日世俗精神之间的共同点还多些。当时的自我感知的渗透性比现在强,比较能向上帝、向元叙事(metanarratives)和形而上学敞开,实在是今天孤立、不可渗透的科技自我无法相比的。那么,我们该如何面对保罗给提摩太的指示——"务要传道,无论得时不得时"(提后

4：2)？或许我们应该从多重层次作出响应,如同保罗告诉腓立比教会的:"我无论在什么景况都可以知足,这是我已经学会了。……随事随在,我都得了秘诀"(腓4：11—12)。

当我们真的能在上帝的里面得着最大的满足,那么,就算环境不断变动、充满矛盾对立,我们也必不致动摇。托马斯·莫尔爵士(Sir Thomas More)被公认是一个无论得时不得时都懂得知足的人。他从小向往成为卡尔特修会(Carthusian)的修士,过隐居的宁静生活。但是,他后来因着极高的才智,进入皇室担任王子的教师,最后当上英格兰的大臣,一人之下万人之上。但在那些年日里,他有件事连妻子也不知道。他一直在官袍底下穿着苦修者的刚毛衬衣(hair shirt),提醒自己主要的身份是蒙恩的罪人。后来,亨利八世,这位他的朋友,也是以前的学生与他反目成仇,判了他死罪。莫尔爵士的遗言写道:"我以王的臣仆身份而死,但我首要的身份是上帝的仆人。"他留给教会的其中一份礼物,是本名为《终末之事》(*The Last Things*)的灵修小书。此书提醒我们要常常思想且听闻关乎死亡、审判、地狱和天堂的事。当莫尔爵士走上断头台,他引述保罗在《腓立比书》3：8所写的话:"我也将万事当作有损的,因我以认识我主基督耶稣为至宝。我为他已经丢弃万事,看作粪土,为要得着基督。"

但是,使徒在离世前,是教导我们要活在"得时与不得时"的光景中吗？不是的,保罗使用的希腊文不是 *chronos*,

意指短暂的时间,而是 *kairos*,意指上帝介入时间的重要时刻。对基督徒来说,人生的季节并非由日历,也非由节气,甚至不是由人从出生到死亡之间的心理阶段所决定;而是上帝在我们生命中的季节。上帝会进入与离开,他会带来安慰,也会明显地收回他的同在,是要抚慰及磨练我们,好让我们明白,人生的盛衰兴废都是他与我们建立关系的方式。结果,在患难中所蒙的福,多过于在苍白、肤浅的生活方式中所能得着的。这正是我们在《诗篇》中所目睹的情景,诗人将所有人类的情感,甚至包括危急关头的感受,都涵盖进来;而基督的爱"将这些都连结在完美的和谐里"(西3:14)*。

法国诗人佩吉(Charles Peguy)曾指出,能对实在作出最不具伤害性解释的,就是唯物主义者。[14] 否认永恒,进而将万事简化为暂时性的,实在是太过于天真。然而,如同本书所述,更危险的是以否定暂时来提倡永恒,如"空中楼阁"般的宗教途径。这类态度的动机也是为了自我利益:只要相信永恒,我们活着用不着牺牲什么;只要符合一般人的想法即可,不必认定基督徒生命的奥秘在于追求以永恒的眼光活在当下。我们若是真实且持续地回应成为基督徒的呼召,向上帝敞开,便会对当下产生深远的影响。

以上就是引领我活在危险边缘,却在流放中喜乐的一

---

* 根据英文直译,和合本此处译为"是联络全德的"。——译者注

些信念。我们创立福音事工时,期待将天生的兴趣和才能与上帝的恩典结合,达成某个崇高的理想。然后,上帝开始修剪我们的生命,而我们也预备脱逃。然而,到了最后,谦卑的人在最微小的事上看见上帝的爱,骄傲的人却在最大的事上也察觉不出上帝的手。我最喜爱的诗人乔治·赫伯特忠告我们:服侍仁爱的君王,保持忠诚而谦卑的态度是为上策。

第一次你吸引我心归你,

我想到服侍便勇往直前:

除了因着本性乐于做的事

而得着的喜乐,

随着你厚施的恩典,

有更多的快乐会归我所有……

184　　然而,

我的出生和精神

宁可选择追求世俗之路;

你却领我在书堆中消磨,

又将我裹在长袍之中。

在我还没有力量改变人生之前,

我就卷入了斗争的世界……

但是，尽管你加诸患难于我，我仍须谦恭；

必须在软弱中坚强。

嗯，我要改变服侍，去寻找

别的主人来侍候。

啊，我亲爱的上帝！虽说我早已忘得一干二净，

求你不要让我去爱人，倘若我不爱你。[15]

附 录
为何用辩证修辞法？

　　在整个教会历史上，"教条的角色"和"教条主义的滥用"之间，一直存在着混淆。**教条**（dogma）指的是有权威的信条，因此教条的正文包含基督教信仰的核心。但是，**教条主义**（dogmatism）指的是我们对这些基本信念所抱持的态度。虽然我们应该对所信的采取坚定的态度，但这态度若太过火，往往会僵化，甚至显得傲慢，于是变成"教条主义"。教条主义通常会导致信徒无法充分地检视所信之真理的活力与丰富，反倒变得空谈理论并且专制跋扈。相形之下，表达教义的合宜方式是带着自信却谦卑的态度，谦卑地面对自己所了解的，并且被所相信的更新改变。这就是为什么辩证法适合用来传递教义，因为借着实质的对话（希腊文 *dialektikos* 的意思是"交谈"），在沟通中一起讨论和论证，真理就会以个人的方式传递出去。

辩证法在真理劝服中的原初角色

柏拉图视苏格拉底为辩证家,以助清除智者(the Sophists)所累积的错误信念。智者注重表面和修辞技巧,而没有那么认真追求真理,修辞技巧因而被他们滥用到只是为了操纵而已,套用今天的话就是"洗脑"。但是,苏格拉底会透过提出正确的问题,来除去他自身传统文化里所累积的浮渣,重新发现真理的金块。所以,我们同样也在本书各章提出问题:福音派文化是否制造出"被洗脑的诺斯替基督徒"? 或许这个问题会引入颇有见地的"信念"(beliefs),但是那些信念是否"真实"而能带给人生命? 因为真正的劝服,本质上必是以讲演者的道德品格(道德观)为基础,而非单凭他的修辞技巧。

我们不能取消修辞的功用,因为基督徒作见证需要适当发挥劝服的艺术。然而,辩证法则帮助我们仔细思索作为基督徒的内在难题,就是虽身在这世界却不属这世界。将基督教思想应用在基督徒生活上,这样的省思必须作为我们信仰的根本;只会空谈、描述和说明教条,是不够的,尽管这些可谓从十六世纪留下来的资产,因为当时的宗教改革运动将背诵要理问答视为一大利器。后来,随着美洲大陆的新发现,"现代世界"来临,新教徒的思想开始受到归纳法的影响,进而产生字典、目录、分类和定义等,而我们也从中承袭含括思想和行动二元论理念的"系统神学"(systematic theology)。

除此之外,十三世纪以降,基督徒学者不再需要像初代教父那样具备圣徒资格。从那时开始,成圣与学术的分裂不断加深,结果有损"圣洁生活"(holy living)。这就是为什么许多当代的神学学术,充其量只是关于神学议题的报导。马丁·路德论到《诗篇》12 篇时,对真理的失落表达悲叹:"倘若你从未用诗篇当作你自己的话,你就无法用诗篇来祷告。但是,当你的感受与心境和诗篇所说的一模一样,那些话就是你的肺腑之言了。"[1] 实际遭遇沉船时的呼求,和演出沉船戏码时所喊出的话,就算字句相同,仍是不同。故此,辩证法能对伪装现实和脱离实体的宗教言谈提出抗议。

辩证法在位格化知识上所扮演的角色

即使是今日的世俗文化,也对现代的理性主义愈来愈失望。这为振兴基督徒认真反思传统基督教道德,开启了一个全新的机会。于是,我们发现自己再次进入个人性的对话,那就是在上帝的真理和我们相互的反应之间的对话。因为笛卡尔的假设语气("我思故我在")现在需要更正为陈述语气("主如此说"),以恢复深刻而活泼的、符合圣经的信仰,无论我们是新教徒、罗马天主教徒,还是东正教徒。

因为在基督教信仰的基本议题背后,我们是活在推理思考和人类经验的辩证之间,理性与信心的辩证之间,"诗意的"和"审慎的"辩证之间,"个人受托机构"与更多不可靠之"公共"机构的辩证之间,以及短暂与永恒的辩证之间。面临这些关乎人性的不同层面,我们需要划分界限,以区别什么是"社会的想法",并且投入"个人性的现实"之中。事实上,最常出现在所谓"思想家"身上的幻想,就是当"思想"很可能只是对现实存在的一种"白日梦"时,我们还误以为这样的思想符合现实。每一个神学生都晓得,这类认知性研究常会驱使人远离敬虔信徒生活中的日常操练。其实,在纯粹做"思想者"的过程中,抽象的概念会让人不那么在乎自己作为"人"的身份;换言之,抽象的思想缺乏与社会的关联,和对他人负责的道德面向,因为"活在真理中"(exist in truth)意味着真实地对自己和别人,并借此大幅提升"存在"的意义。从这个角度来看,"在上帝面前"的个人思考与存在,将大大扩张我们思想的广度和存在的深度。

188

克尔凯郭尔运用逆向辩证来转化生命

克尔凯郭尔好比基督教界的"苏格拉底",他认为十九世纪的文化是基督教历史上最虚伪不实的。假如他看到我们这个时代,大概会觉得更糟糕吧。所以他主张,基督徒需要以辩证的方式去挑战和对抗文化。不过,辩证一词的丹

麦语是 *Gjentagelse*，比英语的"dialectics"更意味深长；因为 *Gjentagelse* 讲的是一个"相同"的情况（*Gjen* 意指"已经存在"），但是现在被人以原创的手法重新解释，而成为"他者"（*at tage* 意指"新的现实，真正全新的"）。克尔凯郭尔在对此一用语的简短沉思中提出，辩证就像是结合对立面的一个创新综合体。他认为苏格拉底具备"辩证的观念"，因他知道永恒之所是（is），而不是以什么（what）或是谁（who）来定义永恒；由此看来，苏格拉底有区分质与量的能力。换作是克尔凯郭尔，他肯定强调人类存在重要的是质，所以他认为，当人承认在个人现状和个人存在目的之间有质方面的对立冲突，就是在表达关乎存在的辩证。一个人运用辩证时，他会否定一件负面的事，然后以更强的正面的事来取代。不过，基督徒最能敏锐地察觉出人性中的不相称，察觉没有能力中的潜在能力和挑战，好比以恩典胜过罪恶的捆绑，复活胜过死亡，永恒取代必朽。对克尔凯郭尔而言，反讽（irony）的重要性，在于用它所扮演的负面角色来开阔我们的视野，让我们看见人类存在更大的图景。然而，不像黑格尔的辩证法那样是以否定去产生更肯定的思想，克尔凯郭尔超越了只是**思想**关于良善的事，而在伦理道德中寻找更深的肯定。

这就是为什么克尔凯郭尔谈论"逆向辩证"，并视之为在伦理范畴中进行存在辩证的一种形式。[2] 身为罪人的我们需要经常否决以自我为中心的人生，好叫这负面因子成为不变的常数。这就是保罗所谓的人生:"现在活着的不再是我,乃是基督在我里面活着"(加2:20);也是克尔凯郭尔笔下的文学人物克利马科斯(Climaticus)所谓的"向着当下逐渐死去"[3],意即操练"隐藏的内在生命"所受的苦,因为这意指我们与上帝相连的存在要经验更新改变。罪咎感、无能、与上帝相隔遥远,会使我们拥抱在"耶稣基督并他钉十字架"(林前2:2)里所启示的永恒。真实的宗教,或克尔凯郭尔所谓的"B宗教"(Religion B),就是看到一个人的生命潜力不在自我里面,而唯独在基督里和圣灵的内住中。因此,基督徒生命的逆向辩证,在于看到苦难、牺牲和付出自我所发挥的正面作用,有助于厘清做基督徒的根本价值。

故此,基督徒拥有一个双重的视野:在谦卑中看见高举,在软弱中看见刚强,在无私中看见效法基督的样式。事实上,基督徒的逆向辩证是反对利己主义的;此外,基督徒并不会采取直接的方式,而是以间接、逆向的方式来追求永恒。其价值既是存在上的,也是关系上的——和好、饶恕、新生、信心、盼望、爱心、喜乐、平安。然而,基督徒的生命时常惹人讨厌,除了与现状和既定的世俗价值观冲突,也会因着以基督十字架为生命中心,而难免构成"冒犯的记号";再加上罪的意识从未远离真正的基督徒,还有基督徒不断向世界死的个人生活方式,也会惹人讨厌。如此一来,一个人愈是追求活出真理,就愈会遭受反对。

注 释

序幕：为何使用辩证法？

1. Karl Barth, *Church Dogmatics* 3/4, trans. G. W. Bromiley and T. F. Torrance (Edinburgh: T & T Clark, 1961), p. 376.

2. Jacques Ellul, *The Presence of the Kingdom*, trans. Olive Wyon, 2nd ed. (Colorado Springs: Helmer & Howard, 1989).

3. H. R. Mackintosh, *Types of Modern Theology* (London: Fontana Library, 1964), p. 141.

4. Walter E. Houghton, *The Victorian Frame of Mind, 1830 – 1870* (New Haven, Conn.: Yale University Press, 1985), pp. 305 – 339.

5. William Golding, *A Moving Target* (London: Faber & Faber, 1965), p. 102.

6. Randall Stevenson, *The Last of England?*, The Oxford English Literary History (Oxford: Oxford University Press, 2004), 12: 508.

7. Werner Jaeger, *Paideia: The Ideals of Greek Culture*,

220

trans. Gilbert Highet, 2nd ed. (Oxford: Oxford University Press, 1965),1: 36 – 37.

8. 转引自 Alberto Manguel, *A History of Reading* (Toronto: Vintage Books, 1998), p. 93。

9. Orhan Pamuk, *The White Castle*, 转引自 Manguel, p. 23。

10. *Selected Letters of Fyodor Dostoyevsky*, ed. Joseph Frank and David I. Goldstein, trans. Andrew R. MacAndrew (New Brunswick, N. J. : Rutgers University Press, 1987) pp. 469 – 470.

第 1 章　隐藏之生命的气息

1. W. H. Auden, *The Dyer's Hand and Other Essays* (New York: Random House, 1962), p. 457.

2. Ibid.

3. T. S. Eliot, "The Dry Salvages."

4. Richard Rohr, *Everything Belongs: The Gift of Contemplative Prayer* (New York: Crossroads, 1999), p. 18.

5. Søren Kierkegaard, *Sickness unto Death*, 收录于 *The Essential Kierkegaard*, ed. Howard V. Hong and Edna H. Hong (Princeton, N. J. : Princeton University Press, 1978 – 2000), 11: 148,151,213。

6. Robert Widenman, "Christian Earnestness," in *The Sources and Depths of Faith in Kierkegaard*, Bibliotheca Kierkegaardiana, ed. Niels Thulstup and Marie Mikulova Thulstrup (Copenhagen: C. A. Reitzels Boghandel, 1978), p. 83.

7. Erich Kahler, *The Tower and the Abyss* (New York: George Braziller, 1959), p. 165.

8. Robert L. Belknap, "Dostoevskii and Psychology," in W. J. Leatherbarrow, *The Cambridge Companion to Dostoevskii* (Cambridge: Cambridge University Press, 2002), p. 136.

9. René Girard, *Resurrection from the Underground* (New York: Crossroad, 1997), pp. 147 – 151.

10. Ibid. , p. 155.

第 2 章　在上帝面前向有异象的人生敞开

1. Blaise Pascal, *Pensées* in *The Mind on Fire*, ed. James M. Houston, Victor Classics (Colorado Springs: Cook, 2006), p. 44.

2. 转引自 Belinda Thomson, *Vision of the Sermon: The Story Behind the Painting* (Edinburgh: National Galleries of Scotland, 2005), p. 5。

3. 转引自 Michael Watts, *Kierkegaard* (Oxford: Oneworld, 2003), p. 206。

4. Søren Kierkegaard, *Sickness unto Death*, 收录于 *The Essential Kierkegaard*, ed. Howard V. Hong and Edna H. Hong (Princeton, N. J. : Princeton University Press, 1978 – 2000), p. 132。

5. William Anz, "Kierkegaard on Death and Dying," in *Kierkegaard: A Critical Reader*, ed. Jonathan Ree and Jane Chamberlain (Oxford: Blackwell, 1998), p. 39.

6. 以下著作对于耶稣升天有独到的见解：Douglas Farrow, *Ascension and Ecclesia* (Grand Rapids: Eerdmans, 1999)。

7. Ray S. Anderson, *The Soul in Ministry* (Louisville, Ky. : John Knox Press, 1997), p. 199.

8. Gregory of Nazianzus, *Second Theological Oration* 31.

9. Lou H. Silberman, "Prophets/Angels: LXX and Qumran Psalm 151 and the Epistle to the Hebrews," in *Standing Before God : Essays in Honor of John M. Oesterreicher*, ed. Asher Finkel and Lawrence Frizzell (New York: Knav, 1981), pp. 91 – 101.

10. 见 George E. Mendenhall, *Ancient Israel's Faith and History*, ed. Gary A. Herion (Louisville, Ky. : John Knox Press, 2001), pp. 206 – 207。

11. Karl Barth, *Church Dogmatics* 3/4, trans. Geoffrey W. Bromiley and T. F. Torrance (Edinburgh: T&T Clark, 1961), p. 59; Ibid. 4/4, p. 11.

12. Ibid. 1/2, pp. 319 – 320.

13. David Knowles, *The English Mystical Tradition* (New York: Harper Torchbooks, 1965).

14. John of the Cross, *The Living Flame* 1. 15. 2.

15. T. S. Eliot, "Burnt Norton," lines 149 – 153.

16. Colin P. Thompson, *The Poet and the Mystic : A Study of the Cantico Espiritual of San Juan de la Cruz* (Oxford: Oxford University Press, 1977), p. 146.

17. Antonio Demasio, *The Feeling of What Happened* (New

York: Harcourt, Brace, 1999), pp. 195 – 200.

18. Barbara Reynolds, *The Letters of Dorothy L. Sayers* (New York: St. Martin's, 1998),2: 213.

19. Garry Wells, *Saint Augustine's Memory* (New York: Viking, 2002).

20. Klaus Berger, *Identity and Experience in the New Testament*, trans. Charles Muenchow (Minneapolis: Fortress, 2003), p. 12.

21. Ibid. , p. 106.

22. Jean Vanier, *Drawn into the Mystery of Jesus through the Gospel of John* (New York: Paulist, 2004), p. 13.

23. Ibid. , p. 13.

24. 转引自"Spirits in Bondage" by Corbin Scott Carnell, *Bright Shadow of Reality: Spiritual Longing in C. S. Lewis* (Grand Rapids: Eerdmans, 1999), p. 117。

25. T. F. Torrance, "The Spiritual Relevance of Angels" in *Alive to God: Studies in Spirituality*, ed. J. I. Packer and Loren Wilkinson (Downers Grove, Ill. : InterVarsity Press, 1992), p. 126.

26. *Church Hymnal*, 3rd ed. (Oxford: Oxford University Press, 1973), no. 363.

27. Jerry Levin, *Reflections on My First Noel* (Birmingham: Hope Publishing House, 2002), p. 24.

28. 见 Birgit Bertung 振奋人心的文章"Yes, a Woman Can Exist," in *Kierkegaard, Poet of Existence*, ed. Birgit Bertung

hagen: C. A. Reitzel, 1989), pp. 7 – 18。

第 3 章　基督徒公共生活的超现实主义

1. Pascal *Pensées*, 434, Brunschwieg.

2. *Stromateis* 3. 97. 2.

3. 见 John Morgan, *Godly Learning: Towards Reason, Learning and Education*, 1560 – 1640 (Cambridge: Cambridge University Press, 1986)。

4. Søren Kierkegaard, *On Authority and Revelation: The Book of Adler* (Princeton, N. J.: Princeton University Press, 1941).

5. W. H. Auden, *The Dyer's Hand and Other Essays* (New York: Random House, 1962), p. 443.

6. John G. Stackhouse, ed. *Evangelical Ecclesiology: Reality or Illusion?* (Grand Rapids: Baker, 2003), p. 214.

7. Albert Borgmann, *Power Failure* (Grand Rapids: Brazos, 2003), pp. 28 – 29.

8. John Betjeman, "Christmas," in *The Faber Book of Religious Verse*, ed. Helen Gardner (London: Faber and Faber, 1972), p. 329.

9. Bruce Hindmarsh, "Is Evangelical Ecclesiology an Oxymoron?" in *Evangelical Ecclesiology*, pp. 15 – 37.

10. Peter Brown, *The Rise of Western Christendom* (Oxford: Blackwell, 2003), pp. 60 – 64.

11. Malcolm Muggeridge, *The End of Christendom* (Grand

Rapids: Eerdmans, 1980), p. 14.

12. Ibid. , p. 62.

13. Jorgen Bukdahl, *Søren Kierkegaard and the Common Man*, trans. , rev. ed. Bruce H. Kirmmse (Grand Rapids: Eerdmans, 2001), p. 3.

14. 出自丹麦报纸 *Faedrelandet* ("The Father Fatherland") (December 27,1854), p. 97。

15. Søren Kierkegaard, *Journals and Papers*, ed. and trans. Howard V. Hong and Edna H. Hong (Bloomington: Indiana University Press, 1967 – 1978),1: 329.

16. Søren Kierkegaard, *Training in Christianity*, p. 38.

17. Ibid. , pp. 66 – 68.

18. Ibid. , p. 236.

19. Ibid. , p. 210.

20. Ibid. , p. 105.

21. Randall Stevenson, *The Last of England* (Oxford: Oxford University Press, 2004), p. 417.

22. Rene Girard, *The Girard Reader*, ed. James G. Williams, (New York: Crossroad, 1996), p. 289.

23. William Golding, *The Spire* (London: Faber and Faber, 1964), p. 25.

24. Ibid. , p. 168.

25. Ibid. , p. 190.

26. Ibid. , p. 178.

27. Saul Bellow, "The Writer as Moralist," *Atlantic Monthly*,

March 1963, p. 61.

28. Golding, *The Spire*, p. 222.

第4章 迈向成为一个人的旅程

1. Duncan MacLaren, *Mission Implausible: Restoring Credibility to the Church* (London: Paternoster, 2005), p. 89.

2. Lucian Turcescu, "'Person' versus 'Individual,' and Other Misreadings of Gregory of Nyssa," *Modern Theology* 18, no. 4(2002): 527 – 539.

3. James Houston, "A God-Centered Personality," in *Why I Am Still a Christian*, ed. E. M. Blaiklock (Grand Rapids: Eerdmans, 1971), p. 83.

4. John Macmurray, *The Self as Agent* (London: Faber, 1957), p. 38.

5. Philip Conford, *The Personal World: John Macmurray on Self and Society* (Edinburgh: Floris Books, 1996).

6. Macmurray, *Self as Agent*.

7. Isaiah Berlin, *The Roots of Romanticism* (Princeton, N. J. : Princeton University Press, 1999), pp. 21 – 22.

8. Erich Kahler, *The Tower and the Abyss: An Inquiry into the Transformation of the Individual* (New York: George Brazilier, 1957), pp. 91 – 97.

9. J. H. van den Berg, *A Different Existence* (Pittsburgh: Duquesne University Press, 1972), pp. 105 – 106.

10. Richard Stivers, *Shades of Loneliness: Pathologies of a*

Technological Society （Lanham，Md.：Rowman and Littlefield，2004），p. 55.

11. David Riesman，*The Lonely Crowd* （Garden City，N. Y.：Doubleday，1953）.

12. Peter J. Frost，*Toxic Emotions at Work：How Compassionate Managers Handle Pain and Conflict* （Boston：Harvard Business School Press，2004）.

13. Ibid.，p. 130.

14. 说来讽刺，今天盛行的两个技术用语"technomatria"和"domestic economy"（源自希腊文的 *technē* 和 *oikos*）最先都是用在基督徒的家庭生活上。十六世纪九十年代清教徒用"technomatria"来指以敬虔的方式管理家庭，而"domestic economy"意思是全家灵修的管理，比如每日全家的祈祷和读经。一直到十八世纪才被亚当·史密斯（Adam Smith）拿去用在经济事务上，而"technology"首度被使用的时间甚至更晚。

15. Albert Borgmann，*Power Failure* （Grand Rapids，Mich.：Brazos，2003）.

16. Leonard Hodgson，*The Doctrine of the Trinity* （London：Nisbet，1943）.

17. Colin E. Gunton，*The Promise of Trinitarian Theology* （Edinburgh：T & T Clark，1991）.

18. John D. Zizioulas，*Being as Communion* （London：Darton，Longman and Todd，1985）.

19. Joseph Gallagher 的导论颇有帮助：*To Hell and Back with*

Dante: A Modern Reader's Guide to the Divine Comedy (Liguori, Mo.: Triumph, 1996)。

20. Giuseppe di Scipio, *The Presence of Pauline Thought in the Works of Dante: Studies in Art and Religious Interpretation* (Lewiston, N. Y.: Edwin Mellen, 1995).

21. 关于研读《神曲》的现代应用书籍，建议读物为 Alan Jones, *The Soul's Journey: Exploring the Spiritual Life with Dante as Guide* (Cambridge, Mass.: Cowley, 2001)。

22. 转引自 Giuseppe Mazzotta, *Dante, Poet of the Desert: History and Allegory in the Divine Comedy* (Princeton, N. J.: Princeton University Press, 1979), p. 277。

第 5 章　在爱中活出真理

1. Harriet Rubin, *Dante in Love* (New York: Simon & Schuster, 2004), p. 209.

2. 见 Peter R. Ackroyd, *Exile and Restoration* (Philadelphia: Westminster Press, 1968), pp. 240 – 241。

3. Brian S. Rosner, *Paul, Scripture & Ethics* (Grand Rapids: Baker, 1994), pp. 123 – 136.

4. Mark Strom, *Reframing Paul: Conversations in Grace and Community* (Downers Grove, Ill.: InterVarsity Press, 2000), pp. 13 – 17, 201 – 243.

5. Andre Resner Jr., *Preacher and Cross* (Grand Rapids: Eerdmans, 1999), p. 6.

6. George Herbert, *The Country Parson, The Temple,*

Classics of Western Spirituality (Mahweh, N. J.: Paulist, 1981), pp. 183 – 184.

7. 关于班扬的文学手法导读，请参见 U. M. Kaufmann, *The Pilgrim's Progress and Tradition in Puritan Meditation* (New Haven, Conn.: Yale University Press, 1966)。

8. 如欲了解有关此书的神学释义，请参见 Richard L. Greaves, *John Bunyan* (Grand Rapids: Eerdmans, 1969)。

9. 引自 Monica Furlong, *Pilgrim's Progress* (New York: Coward, McCann Geoghegan, 1975), p. 183。

10. U. Milo Kaufman, *Heaven: A Future Finer than Dreams* (Indianapolis: Light & Life Communications, 1981), p. 25.

11. C. S. Lewis, *Out of the Silent Planet* (New York: Collier, 1965), p. 32.

12. Ibid. , p. 154.

13. Allen C. Guelzo, "Piety and Intellect: America's theologian," *Christian Century*, October 4, 2003, p. 30.

14. Jonathan Edwards, " A Treatise Concerning Religious Affections," *Works*, ed. John E. Smith (New Haven, Conn.: Yale University Press, 1959), 2: 93, 95.

15. Ava Chamberlain, "Self-Deception as a Theological Problem in Jonathan Edwards's 'Treatise Concerning Religious Affections,'" *Church History* 63, no. 4, 1994, pp. 541 – 556.

16. Edwards, *Works*, p. 253.

17. Ibid. , pp. 307 – 308.

18. Ibid. , p. 377.

19. Ibid. , pp. 450 - 451.

20. George M. Marsden, *Jonathan Edwards: A Life* (New Haven, Conn. : Yale University Press, 2003), p. 374.

21. Ibid. , p. 503.

22. James M. Houston, "Reminiscences of the Oxford Lewis," in *We Remember C. S. Lewis*, ed. David Graham (Nashville: Roardman & Holman, 2001), pp. 129 - 143.

23. James M. Houston, "C. S. Lewis's Concern for the Future of Humanity," *Knowing and Doing*, *Quarterly Journal of the C. S. Lewis Institute*, spring 2006: 8 - 9, 22 - 24.

24. J. R. R. Tolkien, "On Fairy Stories," in *Essays Presented to Charles Williams*, ed. C. S. Lewis (Grand Rapids: Eerdmans, 1966), p. 81.

25. Colin Duriez, "The Romantic Writer: Lewis's Theology of Fantasy," in C. S. Lewis, *The Pilgrim's Guide: C. S. Lewis and the Art of the Witness*, ed. David Mills (Grand Rapids: Eerdmans, 1998), p. 103.

26. C. S. Lewis, *Till We Have Faces: A Myth Retold* (Grand Rapids: Eerdmans, 1966).

第6章　在断裂的时代传递信仰

1. 见 Robert L. Wilken 的文集 *Remembering the Christian Past* (Grand Rapids: Eerdmans, 2003), p. 174。

2. Robert Louis Wilken, *The Spirit of Early Christian*

Thought (New Haven, Conn. : Yale University Press, 2003), p. 47.

3. Nicholas Zernov, *Sunset Years: A Russian Pilgrim in the West* (London: Fellowship of St. Alban & St. Sergius, 1983), p. 123.

4. Nicholas Zernov, *Three Russian Prophets* (London: S. C. M. Press, 1944), p. 84.

5. Diane Oenning Thompson, *The Brothers Karamazov and the Poetics of Memory* (Cambridge: Cambridge University Press, 1992), p. 226.

6. Joseph Frank and David I. Goldstein, eds. , *Selected Letters of Fyodor Dostoevsky*, trans. Andrew H. MacAndrew (New Brunswick, N. J. : Rutgers University Press, 1987).

7. 转引自 Nadeja Gorodetzky, *Saint Tikhon of Zadonsk* (Crestwood, N. Y. : St. Vladimir's Seminary Press, 1976), pp. 223 - 224。

8. Ibid. , p. 235.

9. Ibid. , p. 127.

10. Fyodor Dostoyevsky, *The Brothers Karamazov*, trans. Robert Pevear and Larissa Volokhonsky (San Francisco: North Point, 1990), p. 320.

11. Vladimir Lossky, *The Mystical Theology of the Eastern Church* (Crestwood, N. Y. : St Vladimir's Seminary Press, 1976), p. 10.

12. G. Davies, "Believing Without Belonging: Is This the Future

of Religion in Britain?" *Social Compass* 37(1990): 456-469.

13. 例如,见 Juan Martin Velasco, ed. , *Transmision de la Fe en la Sociedad Actual*: *Instituto Superior de Pastoral* (Salamanca: University of Salamanca Press, Editorial Verbo Divino, 1991)。

14. J.-M. R. Tillard, *Sommes-Nous les Derniers Chrétiens?* (Paris: Fides, 1997).

15. Augustine *De Magistro*;亦见 *Sermo* 134. 1;38. 72。

16. Alan M. Olson, David M. Steiner and Anna S. Tuuli, *Educating for Democracy*: *Paideia in an Age of Uncertainty* (Lanham, Md. : Rowman & Littlefield, 2004).

17. Werner Jaeger, *Paideia*: *The Ideals of Greek Culture*, trans. Gilbert Highet (New York: Oxford University Press, 1965).

18. H. I. Marrou, *A History of Education in Antiquity*, trans. George Lamb (New York: Mentor, 1956), pp. 419-451.

19. Ibid. , p. 434.

20. 以下著作对于旧约的灵性观作了非常精辟的摘要：Deryck Sheriffs, *The Friendship of the Lord* (Carlisle: Paternoster, 1996)。

21. J. Jeremias, *The Prayers of Jesus* (London: SCM, 1967).

22. Yaakov Elman and Israel Gershom, *Translating Jewish Traditions*: *Orality*, *Textuality and Cultural Diffusion* (New Haven, Conn. : Yale University Press, 2000), p. 252.

23. Kallistos Ware, " The Spiritual Father in Orthodox Christianity," *Cross Currents* 24(1997): 308-309.

24. Augustine *Confessions* 10. 20.

25. 转引自 Gary Wills, *Saint Augustine's Memory* (New York: Viking, 2002), p. 8。

26. Mary J. Carruthers, *The Book of Memory: A Study of Memory in Medieval Culture* (Cambridge: Cambridge University Press, 1990), p. 260.

27. Ibid. , p. 3.

28. 转引自 Wills, *Saint Augustine's Memory*, p. 19。

跋：在基督里一起长大成熟

1. Fyodor Dostoyevsky, *The Brothers Karamazov*, trans. Richard Pevear and Larissa Volokhonsky (New York: Vintage 1990), pp. 303 – 304.

2. C. S. Lewis, *Reflections on the Psalms* (London: Geoffrey Bles, 1958), pp. 1 – 2.

3. David Cayley, *The Rivers North of the Future: The Testament of Ivan Illich* (Toronto: House of Anansi, 2005), pp. x, 56,59.

4. Richard L. Thulin, *The "I" of the Sermon: Autobiography in the Sermon* (Minneapolis: Fortress, 1989), pp. 66 – 69.

5. John R. Sommerfeldt, *On the Spirituality of Relationship* (New York: Newman, 2004), p. 13.

6. Aelred of Rievaulx, *Spiritual Friendship*, trans. Mary Eugenia Laker (Kalamzoo, Mich. : Cistercian, 1977), p. 51.

7. 引自 Cayley, *The Rivers North*, p. 152。

8. Peter Ramus, *Arguments in Rhetoric Against Quintillian*, trans. Carole Newlands (DeKalb: Northern Illinois University Press, 1986), p. 99.

9. Calvin, *Institutes* 1. 13. 14.

10. Calvin, *Commentary on Ephesians* 1. 10.

11. Daphne Hampson, *Christian Contradictions* (London: Cambridge University Press, 2001), p. 35.

12. John Calvin, *Instruction in Faith*, trans. Paul T. Fuhrmann (Louisville, Ky. : Westminster John Knox, 1992), p. 24.

13. 转引自 John Bouwsma, *John Calvin: A Sixteenth Century Portait* (New York: Oxford University Press, 1988), p. 152。

14. Charles Peguy, *Temporal and Eternal*, trans. Alexander Dru. (London: Harvill, 1958), p. 116.

15. George Herbert, "Affliction."

附录: 为何用辩证修辞法?

1. Martin Luther,转引自 Roland E. Murphy in *The Gift of the Psalms* (Peabody Mass. : Hendrikson, 2003), p. ix。

2. Sylvia Walsh Utterback, "Kierkegaard's Inverse Dialectic," *Kierkegaardiana* XI (Copenhagen: C. A. Reitzel, 1980), pp. 34 – 54.

3. Niels Thulstrup and Marie Mikulova Thulstrup, *The Sources and Depths of Faith in Kierkegaard*, Bibliotheca Kierkegaardiana (Copenhagen: C. A. Reitzels Boghandel, 1978),2: 163.

索引

（索引中的页码为原书页码，即本书边码）

图书在版编目(CIP)数据

喜乐流放者/(美)侯士庭(Houston,J. M.)著;刘如菁译.
—上海:上海三联书店,2019.9(2024.9 重印)
ISBN 978-7-5426-5471-7

Ⅰ.①喜…　Ⅱ.①侯…②刘…　Ⅲ.①哲学—通俗读物
Ⅳ.①B-49

中国版本图书馆 CIP 数据核字(2016)第 015903 号

喜乐流放者
——危险边缘的客旅生涯

著　　者 / 侯士庭

译　　者 / 刘如菁

责任编辑 / 邱　红　陈泠珅

丛书策划 / 橡树文字工作室

特约编辑 / 刘　嶢

装帧设计 / 周周设计局

监　　制 / 姚　军

责任校对 / 王凌霄

出版发行 / 上海三联书店

　　　　　(200041)中国上海市静安区威海路 755 号 30 楼

邮　　箱 / sdxsanlian@sina.com

联系电话 / 编辑部:021-22895517

　　　　　发行部:021-22895559

印　　刷 / 上海展强印刷有限公司

版　　次 / 2019 年 9 月第 1 版

印　　次 / 2024 年 9 月第 5 次印刷

开　　本 / 890mm×1240mm　1/32

字　　数 / 142 千字

印　　张 / 7.625

书　　号 / ISBN 978-7-5426-5471-7/B·465

定　　价 / 48.00 元

敬启读者,如发现本书有印装质量问题,请与印刷厂联系 021-66366565